国家出版基金项目
NATIONAL PUBLICATION FOUNDATION

中国参与气候变化国际合作的
重点领域和关键问题

刘哲 著

中国环境出版集团·北京

图书在版编目（CIP）数据

中国参与气候变化国际合作的重点领域和关键问题 /
刘哲著 . -- 北京：中国环境出版集团，2019.12
ISBN 978-7-5111-4232-0

I. ①中… II. ①刘… III. ①气候变化－国际合作－
研究－中国 IV. ① D996.9

中国版本图书馆 CIP 数据核字（2019）第 292856 号

出 版 人	武德凯
责任编辑	丁莞歆
责任校对	任　丽
装帧设计	金　山

出版发行　**中国环境出版集团**
（100062　北京市东城区广渠门内大街 16 号）
网　　址：http://www.cesp.com.cn
电子邮箱：bjgl@cesp.com.cn
联系电话：010-67112765（编辑管理部）
　　　　　010-67175507（第六分社）
发行热线：010-67125803，010-67113405（传真）
印装质量热线：010-67113404

印　**刷**	北京盛通印刷股份有限公司
经　**销**	各地新华书店
版　**次**	2019 年 12 月第 1 版
印　**次**	2019 年 12 月第 1 次印刷
开　**本**	787×1092　1/16
印　**张**	14.5
字　**数**	180 千字
定　**价**	69.00 元

中国环境出版集团郑重承诺：
中国环境出版集团合作的印刷单位、材料单位均具有中国环境标志产品认证；
中国环境出版集团所有图书"禁塑"。

序言

　　随着 20 世纪 60 年代全球环境运动的兴起，各国环境运动和全球环境治理方兴未艾。新生环境问题从局地环境污染过渡到全球环境问题，不断挑战着全球的可持续发展，危及国际社会的和平与发展。气候变化是当今人类社会面临的最大全球环境挑战，随着对科学认知的不断加强，无论是发达国家还是发展中国家都日益重视应对气候变化工作，认真研究和评估气候变化的负面影响带来的风险和损失。

　　各国政府和社会舆论早在环境运动兴起时就开始广泛讨论环境与经济增长和社会发展的关系。当前已经完成工业化、城镇化进程的发达国家普遍在完成了一定水平的社会积累的前提下才开始环境治理，成本大、代价高，走了一条"先污染后治理"的路。而工业化水平相对落后的广大发展中国家见证了发达国家环境治理的路径，并且正在研究和探索减少环境污染负面影响的"协同环境污染治理和经济发展"的新道路。局域环境问题的主要驱动因素是粗放型经济增长方式和生产要素使用方式，以低碳经济为主要抓手的应对气候变化政策与行动能够在更长的时间尺度内提高资源、能源使用效率，改变以化石燃料为主的能源结构，减少浪费、鼓励创新。气候变化作为新兴的全球环境问题担负起了协同经济社会发展和环境治理的重任。

　　在气候变化多边谈判长达 20 多年的进程中，各缔约方直到《巴黎协定》的达成和生效才在共同框架下携手应对气候变化，这是南北世界在漫长的谈判拉锯中达成的妥协。而在那之后，国际形势发生了较大变化，多边主义频频受到挑战：美国总统特朗普于 2017 年 6 月 1 日宣布退出《巴黎协定》，巴西新一届政府消极应对气候变化，国际社会保护主义、单边主义、民粹主义势力抬头，全球金融危机后经济复苏缓慢艰难，局部战争破坏社会稳定和团结，恐怖主义威胁尚未彻底消除……这些新形势和新挑战给《巴黎协定》的履约和各国进一步提高行动力度带来了极大挑战。

中国政府高度重视应对气候变化问题，全社会应对气候变化的意识和能力也在不断提高。应对气候变化、发展低碳经济已经成为我国高质量发展的重要抓手和经济增长的新引擎。中国在国际气候治理进程中也发挥了越来越重要的作用，受到各方瞩目。

本书的主要内容共有 7 章，其中，第 1 章回溯了气候变化多边谈判的发展历程，第 2 章就气候变化多边谈判的重点领域和关键议题进行了分析和评述，第 3 章就新兴议题和未来可能成为重点的问题进行了研究和讨论，第 4 章回顾了中美气候变化的合作历程，第 5 章是针对主要经济体对外气候援助的分析和研判，第 6 章讲述了中国气候变化南南合作的进展和趋势，第 7 章简单分析和总结了中国参与国际气候治理的角色转变。本书的写作主要基于近几年的工作积累和思考，内容是在本人主笔的研究报告的基础上修改完成的，虽属于集体成果，但文责自负。受限于个人学识和能力水平，如有疏漏和错误，请大家批评指正。

刘　哲

2019 年 7 月 20 日

于大方居

致 谢

感谢生态环境部应对气候变化司、国际合作司和原环境保护部科技标准司气候变化处的各位领导和同事的指导，感谢生态环境部环境与经济政策研究中心的各位领导和同事的关怀，感谢中国社会科学院潘家华老师、陈迎老师和清华大学刘滨老师对本书写作的支持和鼓励，感谢本书责任编辑的鞭策和激励，感谢在本书写作过程中给予支持和帮助的各位老师、同事和同学们，不尽之处，一并谢过。

本书的出版得到了国家出版基金的支持，研究和创作得到了生态环境部国际合作司"国际谈判与履约"2014—2017 年预算项目的支持。

目录
‹Contents›

第 1 章
气候变化多边谈判的发展历程 · 1

1.1 应对气候变化的科学与政治 · 2

1.2 《联合国气候变化框架公约》的谈判及生效 · · · · · · · · · · 6

1.3 《京都议定书》的谈判及生效 · 9

1.4 《巴黎协定》的谈判及生效 · 18

1.5 《巴黎协定》之后的国际气候治理 · · · · · · · · · · · · · · · · · 21

    1.5.1 《巴黎协定》实施细则的达成 · · · · · · · · · · · · · · · 22

    1.5.2 《基加利修正案》的达成 · · · · · · · · · · · · · · · · · · 24

第 2 章
气候变化多边谈判中的重点领域和关键议题 · · · · · · · · · · · · 29

2.1 气候变化多边谈判的重点领域 · 30

    2.1.1 减缓气候变化及其目标 · · · · · · · · · · · · · · · · · · · 30

    2.1.2 适应气候变化及其方法 · · · · · · · · · · · · · · · · · · · 36

    2.1.3 资金的属性、来源和分配 · · · · · · · · · · · · · · · · · 39

    2.1.4 技术转移、转让 · 43

2.2 交叉议题和新兴议题 46

    2.2.1 能力建设 46

    2.2.2 透明度 49

    2.2.3 损失与损害 51

    2.2.4 当地社区与土著人平台 53

第3章
气候变化多边谈判中的潜在议题和《公约》外机制 65

3.1 气候地球工程的科学研究和国际治理 66

    3.1.1 气候地球工程与气候减缓和适应的关系 66

    3.1.2 气候地球工程的科学研究进展 67

    3.1.3 加强气候地球工程国际合作的必要性 70

3.2 短寿命气候污染物的研究和治理 72

3.3 《公约》外机制中的气候变化问题 75

    3.3.1 二十国集团 76

    3.3.2 亚洲太平洋经济合作组织 79

    3.3.3 气候与清洁空气联盟 80

第4章
中美两国的气候变化博弈与合作 89

4.1 中美环境和气候合作回顾 91

    4.1.1 中美环境合作概况 91

4.1.2 中美气候变化合作历程及其在中美环境外交中的特点 ……… 95

4.2 美国历届政府的气候政策 ……………………………………… 99

    4.2.1 美国应对气候变化政策的发展历史 ………………… 99

    4.2.2 奥巴马政府气候政策的具体内容 …………………… 103

    4.2.3 奥巴马政府气候政策面临的国内压力和国际形势 ……… 111

4.3 特朗普总统治下中美气候博弈 ……………………………… 113

    4.3.1 美国近年来的气候和环境问题 ……………………… 113

    4.3.2 特朗普时期美国政府的气候政策研判 ……………… 122

4.4 新型中美关系背景下的中美气候和环境合作 ……………… 125

    4.4.1 化整为零：在环境对话中增加气候变化议题 ……… 126

    4.4.2 避轻就重：保留气候和环境领域的务实合作 ……… 127

    4.4.3 不卑不亢：发挥中国在全球气候治理中的作用 ……… 127

第 5 章
主要经济体对外气候援助的现状及启示 …………… 141

5.1 气候援助与国际气候变化合作 ……………………………… 142

5.2 主要发达经济体对外气候援助 ……………………………… 150

    5.2.1 美国对外气候援助 …………………………………… 150

    5.2.2 德国对外气候援助 …………………………………… 160

    5.2.3 日本对外气候援助 …………………………………… 169

5.3 典型发展中国家对外援助中的环境、气候要素 ………… 174

    5.3.1 巴西对外援助 ………………………………………… 174

    5.3.2 印度对外援助 ………………………………………… 185

5.4 小结 ·· 189

第 6 章
中国气候变化南南合作的进展及趋势 ················· 195

6.1 气候变化南南合作的历史和现状 ····························· 196

    6.1.1 南南合作的方式 ··· 196

    6.1.2 南南合作的组织模式 ····································· 197

    6.1.3 南南合作的资金规模、流向和使用方式 ········· 198

    6.1.4 南南合作与南北合作的区别 ·························· 200

6.2 气候变化南南合作的进展 ····································· 203

6.3 气候变化南南合作的趋势分析 ································· 205

    6.3.1 对气候变化国际谈判阵营的影响 ···················· 205

    6.3.2 气候友好型技术"走出去"的影响 ·················· 207

6.4 加快完善南南合作机制 ··· 208

第 7 章
中国的角色演变与评价 ·································· 213

附 录
本书英文缩写速查表 ································· 219

第 1 章

气候变化多边谈判的发展历程

1.1 应对气候变化的科学与政治

气候变化的科学进展是国际气候治理不断推进的基石。随着科学认知的逐步完善和深入，国际社会应对气候变化的决心和意愿也逐渐提高。随着工业化、城镇化进程的推进，局地和全球环境问题逐渐累积，各国纷纷将环境问题纳入国际国内治理框架。

政府间气候变化专门委员会（Intergovernmental Panel on Climate Change，IPCC）至今发布了5次评估报告，第6次评估报告预计将于2022年6月发布。IPCC评估报告分为3个工作组：第一工作组评估气候变化的科学事实，包括大气层中温室气体和气溶胶的浓度变化、温度变化，水文循环和降水变化，极端天气变化，冰川和冰盖的变化，海洋和海平面的变化，碳循环变化及气候敏感性变化等；第二工作组评估气候变化的正面和负面影响，开展社会经济协同和自然生态系统的脆弱性评估，并评估适应气候变化的措施；第三工作组评估减缓气候变化的政策和技术，包括减少温室气体排放量和温室气体移除的政策和技术。IPCC的报告不仅在全球层面描绘了气候变化带来的一系列科学和政策问题，也在区域层面专门描述了具有特殊性的气候变化相关问题。

IPCC系列评估报告对气候变化的科学性、生态系统影响、社会经济影响做了深入的分析和整理，在普及气候变化科学认知的过程中发挥了重要作用。IPCC第1次评估报告指出，"人类活动导致的温室气体排放增加了大气中温室气体的浓度，并增强了温室效应，使平均温度上升。"第 2 次到第 5 次评估报告对于"人类活动导致的温室气体排放量增长是造成气候变化的主要原因"这一结论的可靠性认识逐步提升，相关表述从"可能""很可能"发展到"极可能"。在科学认知不断深入的推动下，IPCC 系列评估报告对气候变化多边谈判发挥了重要影响，在《联合国气候变化框架公约》（United Nations Framework Convention on Climate Change，UNFCCC）及其《京都议定书》的原则、内容和程序等方面发挥了关键作用。

在自然科学家努力研究和认识气候变化的影响、归因等问题的同时，社会科学家也就应对气候变化的政策取向问题进行了广泛的辩论。社会科学的讨论主要是为了给应对气候变化的政策和行动提供依据，各国学者根据各自对贴现率①、人际公平、代际公平、竞争力、增长与发展的关系等因素的理解和考虑来进行诸如"多边合作还是单边行动""预防优先还是临危应对""减缓优先还是适应为重"等问题的战略性判断。发达国家话语体系中以《斯特恩报告》和 2018 年诺贝尔经济学奖得主诺德豪斯的系列文章观点为两大主流，分别支撑了欧盟和美国的气候变化战略和政策。

《斯特恩报告》重视代际公平，从尽量降低未来气候风险的角度将贴现率设定在 0.1% 这样一个低于普遍认知的水平，其含义是要求各方立

---

① 贴现率，指将未来支付改变为现值所使用的利率，此处指将未来因气候风险导致的损失变为现值所使用的利率。

斯特恩报告

《斯特恩报告》是 2006 年前世界银行首席经济师、英国经济学家尼古拉斯·斯特恩经过一年的调研完成并发布的。这份长达 700 页的报告指出：不断加剧的温室效应将会严重影响全球经济发展，其严重程度不亚于世界大战和经济大萧条。

刻开始减排行动，通过一系列政策手段实现碳定价，用 1% 的 GDP（国内生产总值）成本来规避可能产生的 5%～20% 的 GDP 损失，同时避免未来全球生态风险超过安全阈值。这份报告的发布有英国政府的授权，其核心创作人员中也有直接参加多边谈判的人员，因而很好地将科学研究成果应用于国家间的博弈之中。《斯特恩报告》产生了深远的影响，给欧盟倡导的尽早减排行动做了很好的背书。中国学者在研判《斯特恩报告》时指出，代际公平固然重要，代内公平却更为重要。在南北世界经济发展差距尚未弥合、贫富分化加剧、"赢者通吃"的全球化浪潮下，发达国家要求无差别

代际公平和代内公平

代际公平是指当代人和下一代人享有同等的生存权和发展权，其中包括公平享有稳定气候系统带来的自然生态环境的权利和碳排放的权利。

代内公平是指生活在同一时代的人具有同等的权利，主要指碳排放权。

的减排是对当代发展中国家的歧视和剥削。

诺德豪斯的相关论述被以美国为代表的另一种发达国家观点所引证。诺德豪斯在宏观经济增长理论模型中引入了资源和气候的变量，将自然生态系统与社会经济系统对经济增长的贡献进行了整合。他在应对气候变化领域的核心观点如下：首先，资源稀缺性和增长极限的问题会在技术进步

诺德豪斯

威廉·诺德豪斯（William D.Nordhaus），出生于美国新墨西哥州的阿尔伯开克，本科毕业于耶鲁大学，1967 年在麻省理工学院获经济学博士学位，师从保罗·萨缪尔森和罗伯特·索罗，2018 年因其气候变化经济学研究成就荣获诺贝尔经济学奖。

和市场调节的过程中逐步得到解决；其次，政府实施干预并采取气候变化减缓行动时，贴现率在代际间的平衡过程中不应忽视当代人福利的可获性。诺德豪斯的观点兼顾了当下和长远，但没有很好地区分同时存在于当下的发展中国家和发达国家之间在发展阶段、权利义务等方面的差距，没有照顾到国家间的气候公平问题。他仅从狭隘的市场效率角度对应对气候变化问题加以阐释，认为碳排放权可以进行完全交易，否认了碳排放权的公共物品属性及其与生存权的相关性。

中国学者在气候变化经济学领域的研究兼顾了代际公平和代内公平，认为碳排放权与生存权、发展权息息相关，在进行减排政策设计的时候，要兼顾碳排放权的公共物品属性和市场交易属性，为发展中国家在国际治理中如何定位和自洽做出了铿锵有力的学理阐述。但是，在多极化发展的多边治理框架下，发展中国家阵营逐渐分化，形成各自为政的局面，我国学者的主张尚未成为发展中国家的共识。

1.2 《联合国气候变化框架公约》的谈判及生效

1972 年的联合国人类环境会议开始正视环境承载力的局限，首次承认人类和环境是一个共同体。IPCC 第 1 次评估报告指出，气候变化是人类面临的全球性挑战，需要通过缔结公约的方式来联合世界各国共同应对，自此开启了气候变化国际谈判进程。第 45 届联合国大会于 1990 年 12 月 21 日通过了第 45/212 号决议，决定设立《联合国气候变化框架公约》（以下简称《公约》）政府间谈判委员会（Intergovernmental Negotiating Committee，INC）。INC 于 1991 年 2 月至 1992 年 5 月共举行了 6 次会议。谈判各方，特别是发达国家与发展中国家之间存在立场分歧，但时值全球环境运动在各国普遍兴起，国际社会掀起了环境合作浪潮，各方最终妥协，并于 1992 年 5 月 9 日通过了《公约》文本。同年 6 月 11 日，时任中国国务院总理李鹏代表中国政府在里约签署了《公约》，1993 年 1 月 5 日中国批准了《公约》。经过各方努力，《公约》于 1994 年 3 月 21 日生效。目前，《公约》共有 197 个缔约方，其中包括 196 个国家和 1 个区域一体化组织①。

《公约》的最高决策机构是《公约》缔约方会议（Conference of the

---

① UNFCCC. Status of ratification of the convention. https：//unfccc.int/process-and-meetings/the-convention/status-of-ratification/status-of-ratification-of-the-convention.

Parties，COP）、《京都议定书》缔约方会议（Conference of the Parties Serving as the Meeting of the Parties to the Kyoto Protocol，CMP）和《巴黎协定》缔约方会议（Conference of the Parties Serving as the Meeting of the Parties to the Paris Agreement，CMA）。缔约方会议每年召开，并按照联合国分区选举产生轮值主席国和轮值主席。《公约》下设两个常设附属机构：科技咨询附属机构（Subsidiary Body for Scientific and Technological Advice，SBSTA）和履约附属机构（Subsidiary Body for Implementation，SBI）。《公约》的过程管理机构是《公约》、《京都议定书》和《巴黎协定》主席团，负责给缔约方会议主席提供建议，并对程序性问题进行监督。主席团由 11 人组成，包括缔约方会议主席 1 人、副主席 7 人、两个常设附属机构联合主席 2 人和 1 名记录员。《公约》秘书处负责支持缔约方会议和会间各种围绕谈判的行政事务，由来自 100 多个国家的 450 多人构成。秘书处的领导是执行秘书，简称"执秘"，在协调会议进程、组织各方协调立场方面发挥重要作用。

《公约》文本没有就缔约方会议的表决机制进行具体规定，因此直到目前，缔约方会议的所有决议都按照"协商一致"的原则进行。这种投票原则在最大限度上保障了每一个缔约方都在《公约》框架下拥有同等有效的投票权。在《公约》长达 20 多年的谈判中，每一次前进都要满足所有缔约方的核心关切。

《公约》的目标是"将大气中温室气体的浓度稳定在防止气候系统受到危险的人为干扰的水平上，这一水平应当在足以使生态系统能够自然地适应气候变化、确保粮食生产免受威胁并使经济发展能够在可持续

> **源和汇**
>
> 温室气体的"源"指地表向大气中排放的或大气中其他物质转化成温室气体留存在大气中的过程。
>
> 温室气体的"汇"指温室气体从大气中到达地面或逃逸到太空，亦或在大气中不可逆地转化成其他物质的过程。

地进行的时间范围内实现"。《公约》要求所有缔约方在公平的基础上，依据"共同但有区别的责任"原则（Common But Differentiated Responsibilities，CBDR）、各自能力原则，编制并提供温室气体的国家排放清单，采取适应和减缓气候变化的对策，提高全社会应对气候变化的意识。发展中国家在得到发达国家能力建设资金支持的前提下，承担提供温室气体排放的源和汇的国家清单的义务。

《公约》通过和签署时主要经济体的排放量结构如图 1-1 所示。美国和欧盟的温室气体排放总量分别约为 66 亿 t CO_2e（二氧化碳当量）和 55 亿 t CO_2e，领先全球。中国温室气体排放总量在当年达到了 39 亿 t CO_2e，相当于美国的 2/3。其他发展中国家排放总量的全球占比更小。从排放格局来看，发达国家和发展中国家的分野是清晰而明确的。《公约》的承诺条款中明确了发达国家和发展中国家在《公约》框架下承担"共同但有区别的责任"。其中，附件一[①]列示的发达国家要采取全经济范围内量化减排的义务，附件二[②]国家承担向发展中国家出资和技术转让的义务。《公约》只是对国际社会应对气候变化问题做出了原则性规定，但没有具体的减排

---

① 《公约》附件一国家包括 24 个经济合作与发展组织（Organisation for Economic Co-operation and Development，OECD）国家、欧盟（1992 年有 15 个国家，至今已经扩充至 28 个国家）、14 个经济转型国家（Economies in Transition，EIT）。

② 《公约》附件二国家包括 24 个 OECD 国家和欧盟。

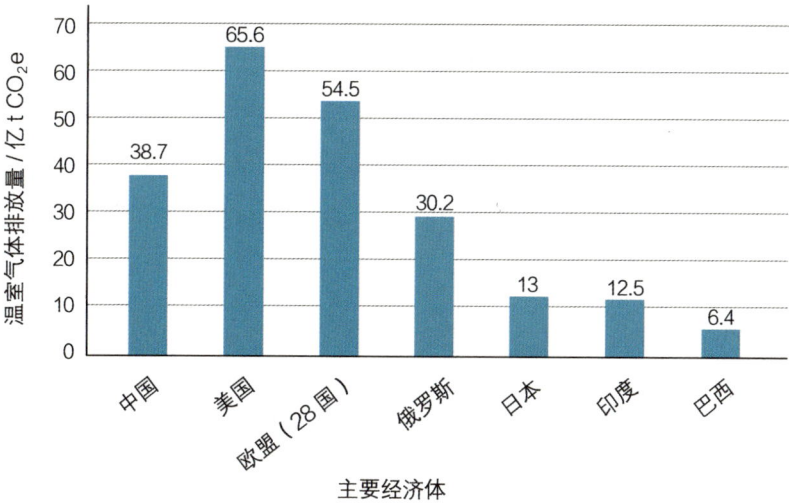

图 1-1　1992 年主要经济体温室气体排放量

数据来源：1. Gütschow J，Jeffery L，Gieseke R. The PRIMAP-hist national historical emissions time series（1850—2016）. v2.0. GFZ Data Services. 2019. https：//doi.org/10.5880/pik.2019.001.

2. Gütschow et al. 2016. http：//doi.org/10.5194/essd-8-571-2016 .

量化目标和行动约束。围绕《公约》各主要条款，在后续谈判中逐渐形成了以减缓、适应、资金、技术、能力建设、透明度为主的议题分布结构。

1.3 《京都议定书》的谈判及生效

为落实《公约》的原则和要求，各缔约方需要通过谈判达成关于减缓、适应、资金、技术、能力建设和透明度的具体要求。1995 年，《公约》

第 1 次缔约方会议（COP1）通过了著名的"柏林授权"，授权缔约方围绕 2000 年后的减排目标和时间表完成了一项具有法律约束力的国际文书的谈判，明确要求发达国家由于承担着工业革命 150 年累积排放的历史责任，必须进行全经济范围内的量化减排，同时指出发展中国家不承担减排义务。

1997 年 12 月 11 日，《公约》各缔约方在日本京都召开的第 3 次缔约方会议（COP3）上完成了"柏林授权"，达成了《京都议定书》，并规定发达国家（《公约》附件一国家，《京都议定书》附件 B 国家）在其第一承诺期间（2008—2012 年）应在 1990 年的基础上减排温室气体 5.2%，各国具体减排目标各异[①]。这一时期，世界排放格局没有发生太大变化，但是发展中国家温室气体排放量上升的趋势已经有所显现，如图 1-2 所示。《京都议定书》达成后，历经 7 年多的时间，于 2005 年 2 月 16 日正式生效。目前，《京都议定书》拥有 192 个缔约方。

《京都议定书》中规定了不受《蒙特利尔议定书》（全称为《蒙特利尔破坏臭氧层物质管制议定书》）管控的温室气体，主要有二氧化碳（CO_2）、甲烷（CH_4）、氧化亚氮（N_2O）、氢氟碳化物（HFCs）、全氟化碳（PFCs）、六氟化硫（SF_6）。2012 年，在多哈会议上达成了《〈京都议定书〉多哈修正案》，在受管控的温室气体中又增加了三氟化氮（NF_3）。《京都议定书》还规定了三种"灵活机制"来帮助附件一所列国家以成本有效的方式实现其部分减排目标，这三种机制是排放贸易

---

① 详见《京都议定书》附件 B。

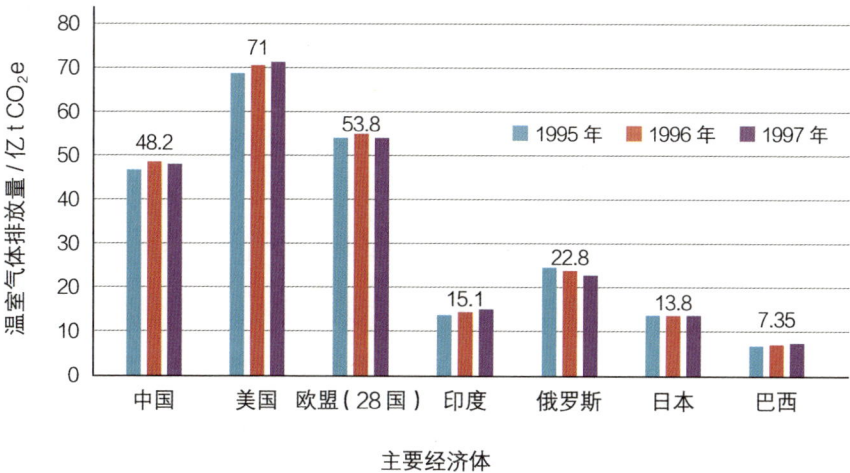

图 1-2　1995—1997 年主要经济体温室气体排放量

数据来源：Gütschow J，Jeffery L，Gieseke R. The PRIMAP-hist national historical emissions time series（1850—2016）. v2.0. GFZ Data Services. 2019. https：//doi.org/10.5880/pik.2019.001.

（Emission Trading，ET）、联合履行（Joint Implementation，JI）和清洁发展机制（Clean Development Mechanism，CDM）。排放贸易和联合履行主要涉及发达国家本国和彼此之间的温室气体减排量的自愿交易；而清洁发展机制主要指发达国家和发展中国家之间在温室气体减排量方面的交易。

《京都议定书》在最大限度上体现了"共同但有区别的责任"原则，使发达国家感到极不平衡。发达国家在此间谈判过程中屡屡要求启动"后京都进程"，试图锁定发展中国家未来的排放空间，要求发展中国家承担温室气体减排的责任和义务。个别发展中国家曾提出过"自愿承诺"的妥协方案，但发展中国家阵营在很长一段时间内都在坚守不进行量化减排承诺的立场，这一立场主要通过坚持"共同但有区别的责任"原则来体现。

回顾历史总有似曾相识之处。2001 年 3 月，时任美国总统的乔治·沃克·布什（小布什）宣布拒绝接受《京都议定书》，第一次引发了全球气候治理中的单边主义风暴，并促使多边气候进程中逐渐形成了欧盟、伞形国家和发展中国家集团"三足鼎立"的博弈态势。美国当年的单边行动并未阻止国际社会继续推动《京都议定书》生效的步伐。然而，伞形国家整体受惠于此，在量化减排目标上获得了较为有利的谈判结果。

伞形国家

伞形国家是松散的国家集团，指欧盟之外的发达国家，主要包括澳大利亚、加拿大、日本、新西兰、俄罗斯和美国，因其在国际地图上的位置可以连成伞形而得名。

《京都议定书》生效后，各缔约方在《公约》资金、技术、能力建设等方面开启了与要求发达国家向发展中国家提供支持有关议题的谈判进程，首先成立了资金机制，建立了最不发达国家基金（Least Developed Countries Fund，LDCF）、适应基金（Adaptation Fund，AF）、气候变化特别基金（Special Climate Change Fund，SCCF）等，从而在全球环境基金（Global Environment Facility，GEF）之外，保障了发达国家能够为发展中国家，特别是最不发达国家提供新的、额外的资金支持。在漫长的谈判过程中，各缔约方在《公约》框架下逐步建立了技术转移领域的气候

技术中心与网络（Climate Technology Centre & Network，CTCN）、能力
建设领域的巴黎能力建设委员会（Paris Committee on Capacity-building，
PCCB）等多达 15 个不同领域的机制。

《京都议定书》对全球气候治理的贡献是不可替代、不可复制的。
不仅在发达国家和发展中国家之间明确了责任和义务差别，也在同是发
达国家的欧盟和伞形国家之间体现了差别。由于伞形国家不满足于这种
差别，因而开始寻求更多的共
同责任分担。欧盟、小岛国联盟、
最不发达国家要求排放大国承
担更多的减排义务，发展中国
家则要求发达国家进行更多的
减排承诺，并要求提高和落实
对发展中国家应对气候变化的
资金、技术、能力建设的支持。

> **小岛国联盟**
>
> 小岛屿国家联盟（Alliance on Small Island States，AOSIS），简称小岛国联盟，是受全球变暖威胁最大的几十个小岛屿及低海拔沿海国家组成的国家联盟，它的角色定位是在联合国框架内作为一个游说集团为小岛屿发展中国家发出声音。

2007 年正值中国经济增长高速期，中国政府发布了第一个应对气候变化
国家方案。随后印度、巴西等几大发展中国家快速跟进，纷纷推出了自
己的应对气候变化行动方案。新兴发展中排放大国在多边气候治理中的
地位逐渐凸显。整体来看，在这段时间发达国家和发展中国家在气候多
边进程中的谈判阵营已经开始了碎片化的聚类。

在《京都议定书》生效的同时，缔约方会议授权开启了《京都议定
书》第二承诺期的谈判。经过两年的对话讨论，到 2007 年第 13 次缔约
方大会（COP13）召开时，《公约》及《京都议定书》履约机制的原则和

细则也逐步明晰和完善，关于"可测量、可报告、可核查"（Measurable，Reportable and Verifiable，MRV）的"三可"透明度要求被明确写进缔约方会议成果文件，各缔约方通过谈判达成了"巴厘路线图"，设立了长期愿景特设工作组（Ad Hoc Working Group on Long-term Cooperative Action under the Convention，AWG-LCA），与 2005 年授权成立的《京都议定书》特设工作组（Ad Hoc Working Group on Further Commitments for Annex 1 Parties under the Kyoto Protocol，AWG-KP）同时推进，确定了"双轨制"的谈判方式，开始了新一轮的谈判拉锯。

AWG-KP 这一轨的谈判授权是发达国家完成2012年之后的减排承诺。在 2012 年的多哈会议上，AWG-KP 完成了谈判授权，达成了《〈京都议定书〉多哈修正案》（以下简称《多哈修正案》），明确了发达国家第二承诺期是 2013—2020 年，更新了受管控温室气体列表，发达国家承诺在 1990 年的基础上减排 18％。《多哈修正案》的生效需要 144 份《京都议定书》缔约方提交表示接受（acceptance）的文书，截至 2019 年 7 月 15 日，以发展中国家为主的 130 个缔约方完成了此项工作，但《多哈修正案》仍未能生效。

AWG-LCA 的授权是在 2009 年之前达成包含所有缔约方的具有法律约束力的法律文书，这已经抛弃了《京都议定书》的原则和框架。各方不可弥合的立场在"双轨制"谈判确立之初就已初见端倪，在 AWG-LCA 这一轨的谈判中一度达到白热化的程度。

2009 年的哥本哈根气候大会作为第 15 次缔约方会议（COP15）原本是要就一个包括所有缔约方在内的、具有法律约束力的国际文书达成一致，形成里程碑式的会议成果，各方对此抱有很高的政治预期，都期望在这次会议上实现对自己有利的协议。学者们一度就"谈判达成具有法律约束力的文书"的必要性展开了激烈的讨论，但是关于"法律约束力"所约束的内容的讨论却并不充分。COP15 这届会议在不同地点分别举行了 5 次会间谈判会，会议期间更是有多达 119 个政府首脑或国家元首参会，总人数多达 4 万人。但 COP15 并没有很好地完成《公约》授权，备受瞩目的《哥本哈根协议》（Copenhagen Accord）仅是个政治宣言，COP15 大会决议仅仅是"注意到"这份没有法律地位的协议。分析 COP15 引人瞩目并印象深刻的原因，其实主要是人们对达成协议具有过高预期，而各自的妥协空间却十分有限。COP15 谈判的内容中有很多在当年是无法弥合的立场差距，比如以下几个方面：

关于"双轨和并轨"。2007 年的"巴厘授权"要求各缔约方进行"双轨制"谈判，并于 2009 年达成继《京都议定书》之后的新的全球温室气体减排协定。发展中国家认为"双轨制"谈判体现了"共同但有区别的责任"原则，但是美国和欧盟坚持要求发展中大国参与减排，拒绝"双轨制"谈判。

> **双轨和并轨**
>
> 所谓"双轨"指《京都议定书》和有别于《京都议定书》的长期国际气候法律文书的两个谈判渠道，所谓"并轨"指将两个渠道的谈判合而为一。

关于中长期目标。发达国家提出 2050 年全球减排 50%、发达国家减排 80%、全球温升上限 2℃等系列目标，发展中国家认为这组目标侵害了其发展权，因而无法达成共识。按照"巴厘路线图"授权要求，发达国家到 2020 年需要在 1990 年的基础上减排 20%～25%，而发达国家提出的中期目标远远无法达到这个水平，如美国提出的到 2020 年在 2005 年的基础上减排 17%，仅相当于到 2020 年在 1990 年的基础上减排 3%。

关于资金。发展中国家应对气候变化的资金需求每年在 1 000 亿～3 000 亿美元以上，而哥本哈根会议上发达国家仅承诺 2010—2012 年每年提供 100 亿美元资金，到 2020 年增加到每年 1 000 亿美元。此外，对于资金的性质、来源和使用方式也距达成共识相去甚远。

此外，一些谈判场外的因素也会干扰人们的视线。哥本哈根会议一开始，《公约》"协商一致"的表决原则就遭到了部分国家的挑战，要求修改谈判规则，因而分散了谈判焦点，延误了谈判时间。东道国丹麦未能重视整个谈判进程的透明性，以至于在谈判最后阶段部分国家质疑并拒绝接受大会主席发出的主席案文，从而导致会议最终无法达成一致成果。同时，会议场地的承载力有限，会议的组织安排没有充分为技术谈判留有空间和时间，一些缔约方的领导人在没有技术谈判成果的情况下进行政治谈判，最终使 COP15 没有达成"一揽子"的协议。哥本哈根会议期间有大量的媒体在谈判场外造势，营造和渲染悲观情绪，使此次会议达成的部分建设性成果也淹没在媒体的唇枪舌剑之中。事实上，哥本哈根会议的很多谈判成果为后续谈判乃至《巴黎协定》的达成奠定了坚实的基础。

哥本哈根会议期间正值全球经济危机开始发酵，美国次贷危机大规模爆发、南欧债务危机和东欧经济凋敝等因素，严重消解了发达国家在气候、环境问题上进行承诺的信心。新兴发展中国家，如中国、印度、巴西、南非等国，由于人口和经济的快速发展，碳排放的增长速度也不容小觑，使发达国家不愿再独自承担减排和出资的义务。此外，全球恐怖主义势力抬头，局部地缘争端不断，各国在气候、环境议题上的雄心也严重受挫。

在坎昆会议（COP16）和德班会议（COP17）上，谈判阵营开始进一步分化，小岛国联盟和最不发达国家与欧盟一起成为推动气候变化国际进程的实际领导者[①]。伞形国家按兵不动，但却纷纷开始国内应对行动。事实上，澳大利亚、新西兰、美国早已试行碳市场，并与雨林国家联盟开展了切实的排放权交易。发展中国家则彻底完成了分化，除了小岛国联盟、最不发达国家，小拉美集团也逐渐活跃。此外，出于意识形态的不同和国家切实利益的需求，玻利瓦尔联盟（ALBA）和石油输出国组织（OPEC）也逐步加强了各自的主张。

> **雨林国家联盟**
>
> 雨林国家联盟由非洲和南美洲的热带雨林国家组成，他们的目标是到 2020 年让发展中国家的乱砍滥伐减少 50%。

为了团结一切可以团结的力量，中国分别加入了基础四国（中国、印度、巴西、南非，BASIC）和立场相近发展中国家（Like-minded Developing Countries，LMDC）的阵营，与非洲国家联盟（AG）一道成为发展中国家阵营的中流砥柱。此时，国际社会逐步认识到对抗性的谈判无法解决实际问题，也无法推动实际行动，"自上而下"的国际气候治理格局从根本上动摇了，德班平台的授权和完成实际上是气候变化多边谈判从"双轨"并为"一轨"的过程。

[①] 小岛国、最不发达国家和欧盟加起来所代表的缔约方数量达到 110 个，成为除 77 国集团和中国外缔约方数目最多的谈判阵营。

1.4 《巴黎协定》的谈判及生效

2011 年，在南非德班召开的德班会议将"双轨制"谈判努力推向"一轨"。"德班平台"（Ad Hoc Working Group on the Durban Platform for Enhanced Action，ADP）授权各缔约方于 2015 年达成具有法律约束力、所有缔约方参与其中的后 2020 年国际气候治理法律文书。在此期间，与《公约》谈判并行的城市行动、区域行动和部门行动陆续展开，"自下而上"应对气候变化的国际合作初具规模。这一时期，全球经济复苏任重道远，发达国家虽然也有应对气候变化的迫切需求，但是减排和出资意愿严重不足，发达国家率先垂范的"自上而下"的治理思路难以为继。

"德班平台"

2011 年南非德班气候大会通过了建立德班增强行动平台特设工作组，简称"德班平台"，并明确了两大任务：一是如何提高 2020 年前的减排雄心；二是在 2015 年达成一个适用于《公约》所有缔约方的法律文件或法律成果，作为 2020 年后各缔约方加强《公约》实施、减控温室气体排放和应对气候变化的依据。

《巴黎协定》谈判、达成和生效时各国的排放结构较《京都议定书》时期发生了很大变化，中国超过美国成为最大的温室气体排放国，印度的温室气体排放量也快速增长，超过俄罗斯、日本等发达国家，如图 1-3 所示。COP15 会前有 184 个国家提交了应对气候变化的 INDC

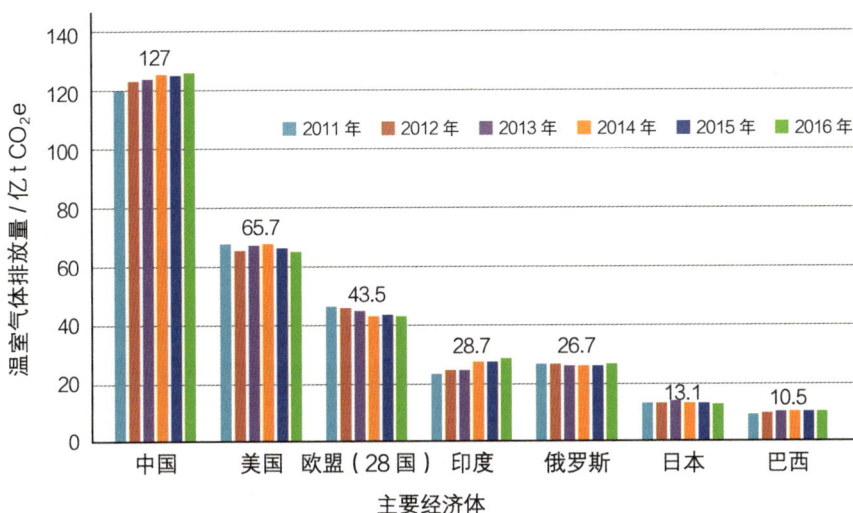

图 1-3　2011—2016 年主要经济体温室气体排放量

数据来源：Gütschow J，Jeffery L，Gieseke R. The PRIMAP-hist national historical emissions time series （1850—2016）. v2.0. GFZ Data Services. 2019. https：//doi.org/10.5880/pik.2019.001.

文件，涵盖了全球碳排放量的 97.9%，超过 150 个国家元首和政府首脑参加了此次气候会议的开幕式。《巴黎协定》开启了"自下而上"的气候治理新范式，被认为是气候变化谈判历史上里程碑式的法律文件。

《巴黎协定》的授权来自 2011 年的"德班授权"，各缔约方充分吸

> **INDC**
>
> 　　INDC 即基于国家自主意愿的贡献（Intended Nationally Determined Contribution），其在《巴黎协定》中进一步演变成国家自主贡献（National Determined Contribution，NDC）。

取了哥本哈根会议失败的教训，尽管仍有许多未尽事项，但却不约而同地将谈判的重点落在协议的"达成"上。首先，"自下而上"和"国家自愿"的新范式鼓励所有缔约方都自愿提交国家自主贡献，保障了所有缔约方都在公平、"共同但有区别的责任"和各自能力原则的基础上采取最大限度的减排行动。其次，《巴黎协定》正文中不涉及缔约方国内的量化减排承诺，从技术上减少了《巴黎协定》生效的诸多障碍。最后，《巴黎协定》的退约程序规定了任何想要实施单边退约行为的缔约方都要承担长达至少三年的时间成本，保障了《巴黎协定》细则的谈判拥有足够的空间和时间。

在《巴黎协定》的谈判中，发达国家和发展中国家中排放大国的政治意愿充分，对《巴黎协定》的达成和生效做出了巨大努力。中美两国是世界上经济体量和碳排放量最大的两个国家，在《巴黎协定》达成和生效的过程中，两国发表了三次元首级气候变化联合声明，并建立了中美气候变化工作组，向世界上的其他国家展示了大国携手应对气候变化的决心和诚意。

法国作为巴黎气候大会的东道国动员了一切可以动员的力量，成立了高级别筹备机构，充分利用各种国际会议积极邀请各国领导人赴法参会，从政治层面直接指导谈判，在会议资金预算、服务人员、场地和组织安排上十分下功夫。法国充分吸取了《哥本哈根协议》案文没有广泛听取缔约方意见的教训，通过官方和民间两个渠道在每次谈判会之前和之后都组织召开涵盖发达国家和发展中国家谈判代表的小型谈判进程研讨会，让各方拥有充分的时间展示各自的立场和主张，并在会议期间适时抛出主席案文引导谈判方向，并在协议达成前反复召开协调会，为各缔约方充分表达各自诉求创造足够的空间和时间，最终在吸纳各方观点的基础上找准角度抛出了最终版主席案文。正是因为东道国与公约秘书处及各缔约方保持频繁紧密的互动交流，从而争取到主要缔约方的支持和肯定。

2015 年全球经济危机的影响逐渐消弭，主要国家的经济逐渐显露出恢复增长动力的苗头，行业和企业需要新的增长动力，绿色低碳发展的理念恰逢其时地迎合了人们的期待，全球可再生能源发展的规模效应初步显现，太阳能、风能发电成本大幅度降低，在很大程度上提振了全球应对气候变化的信心。

《巴黎协定》于 2016 年 11 月 4 日正式生效，成为《公约》框架下继《京都议定书》之后第二份具有法律约束力的国际文书，对各方的责任和义务进行了具有法律约束力的规定，抛出了全球应对气候变化的长期目标，在减缓、适应两方面都释放出长期信号，在资金动员领域为全球绿色金融注入新一轮动力。更重要的是，《巴黎协定》为发展中国家保留了充分的灵活性，保障了发展中国家也能够参与其中、贡献力量。中国为《巴黎协定》的达成和生效做出了不可替代的贡献，也因此站在了国际气候治理舞台的中心，得到了各国政府和国际组织的高度赞扬和肯定。

1.5 《巴黎协定》之后的国际气候治理

《巴黎协定》及其实施细则的达成和生效，以及《基加利修正案》的达成，是多边主义在后巴黎时代的胜利。

1.5.1 《巴黎协定》实施细则的达成

2016 年的马拉喀什气候大会为全球可持续发展和气候治理再次凝聚了各缔约方高层政治领袖的共识，增强了各方继续行动的信心。这一年恰逢美国总统换届，对应对气候变化持积极态度的美国民主党总统竞选人落败，给全球气候治理带来不确定性。然而，各国政府通过《马拉喀什气候行动与可持续发展高级别宣言》维护了多边主义，坚定了全球低碳、绿色转型的信心。其间，召开了《巴黎协定》第 1 次缔约方会议，授权各缔约方于 2018 年年底前完成《巴黎协定》实施细则的谈判。

2017 年 6 月 1 日，美国总统特朗普在白宫玫瑰花园宣布退出《巴黎协定》，并声称撤销美国对全球多边气候行动的资金支持。由于其上述言论，美国的气候议题立场在 2017 年饱受国际社会诟病，媒体对此大肆渲染。但事实上，除非直接退出《公约》，美国至少到 2020 年 11 月 4 日之前都只能是《巴黎协定》缔约方。这是因为《巴黎协定》第 28 条规定，缔约方在协议生效后三年才能启动退出程序，退出程序启动一年之后才算生效。美国政治体制的优势在于能够使其过于偏激的政策得到很好的"纠错"。在特朗普宣布退出《巴黎协定》的前后，美国国会参众两院都有多项提案针对总统此举展开讨论。特朗普本人也从当选前立场鲜明的"气候怀疑论者"转变成"气候开放论者"，认为只要能够达成对美国有利的新的协议案文，美国将对《巴黎协定》保持开放态度。美国代表团除在场外避谈新总统外，在场内的发言次数和立场强硬程度有增无减，而且代表团的主要成员并未大量更换，谈判阵容仍然很稳定。美国代表团借势在出资问题上大踏步倒退，并联合伞形国家在透明度、市场机制等议题上保持攻势。

欧盟作为应对气候变化的积极倡导者，受英国"脱欧"的影响，谈判队伍缩减，减排和出资压力都有所增加。在法国和德国的领导下，虽然欧盟应对气候变化的决心并未受到太大影响，但是面对经济危机尚未完全消除、东欧高碳能源和产业结构难以扭转、难民潮带来的社会问题、恐怖主义袭击等的严峻挑战，无论是减排还是出资的能力都明显大不如前。

2018 年的卡托维兹气候变化会议谈判时，各国在美国宣布退出《巴黎协定》、欧盟应对气候变化行动力减弱等事件背景下，仍在多边框架下达成了一揽子的《巴黎协定》实施细则，进一步夯实了《巴黎协定》的成果，为"自下而上"的气候治理体系搭建了很多规则和制度。一是制定了国家自主贡献（National Determined Contribution，NDC）导则，重申 NDC 应包括减缓、适应和支持等全要素，强调了"国家自主决定"的重要性，为发展中国家在通报 NDC 的时间、频率和有关各要素信息的繁简程度上保留了灵活度。二是强化信息透明程度的制度安排，通过透明度、全球盘点和遵约等议题搭建起强化信息透明程度的机制，对 NDC 落实情况保持密切跟踪，敦促各方提高行动力度。三是做出了发达国家向发展中

全球盘点和遵约议题

全球盘点和遵约议题是《巴黎协定》特设工作组谈判中提出的新议题，全球盘点是指配合各国提出的 NDC 需每五年进行一次盘点；遵约是指各国是否按照《巴黎协定》的要求完成了承诺的各项义务，也称事后遵约。

国家提供支持的制度安排，明确了透明度能力建设的资金支持。

1.5.2 《基加利修正案》的达成

2016 年 10 月，在卢旺达基加利召开的《蒙特利尔议定书》第 28 次缔约方大会上，各缔约方达成了《基加利修正案》，这是一份关于在《蒙特利尔议定书》机制下减排氢氟碳化物（HFCs）的国际法律文件，核心内容聚焦 HFCs 的减排时间表。继《巴黎协定》后，《基加利修正案》成为全球控制温室气体排放、应对气候变化的又一里程碑式的重要文件，明确了发达国家和发展中国家不同的 HFCs 限控义务，同时发达国家将为发展中国家履约提供必要的资金支持和技术援助，切实体现了"共同但有区别的责任"原则。

HFCs 是人为生产的温室气体，受控于《公约》及其《京都议定书》。HFCs 主要用于制冷剂、发泡剂的生产和消费，于 20 世纪 90 年代开始被当作臭氧消耗物质（ODS）的替代物推广和使用。这就使其减排不仅涉及气候变化领域的国际协议，还与关于臭氧层保护的国际公约息息相关。《基加利修正案》的出台得到了发达国家和发展中国家的一致肯定，为全球 2℃温升控制目标做出了重大贡献，是全球应对气候变化的重要成果文件。

各国同意在 2040 年前逐步减少 80 %～85 % 的 HFCs。发达国家从 2019 年首先减少 HFCs 用量，包括中国在内的 100 多个发展中国家将从 2024 年冻结使用 HFCs，印度和巴基斯坦等一些发展中国家将从 2028 年开始冻结。与发达国家相比，发展中国家可将 HFCs 消费和生产的减排时间后推 10 年。各国同意为减少 HFCs 排放提供资金，该资金将最先用于研究和开发较低成本的 HFCs 替代物。

　　《基加利修正案》从授权到达成的时间很短，并对减排时间表做出了具体安排。中国作为 HFCs 的产销大国，面对控制这一高增长、难回收的强效温室气体，压力和责任都很大，目前正在积极推动《基加利修正案》的批约。《基加利修正案》将在未来数十年产生显著的减缓气候变化效益，是《巴黎协定》的有力补充，也是《公约》和《蒙特利尔议定书》协同增效的最佳实践。

本章参考文献

［1］Nordhaus W D, Zili Yang. A regional dynamic general-equilibrium model of alternative climate-change strategies ［J］. American Economic Review , 1996, 86（4）: 741-765.

［2］Nordhaus W D. Managing the global commons : The economics of climate change ［M］. Cambridge: MIT Press, 1994.

［3］Nordhaus W D. After Kyoto: Alternative mechanisms to control global warming ［J］. American Economic Review, 2006, 96（2）: 31-34.

［4］Nordhaus W D. A review of the "Stern Review on the Economics of Climate Change" ［J］. Journal of Economic Literature, 2007, 45（3）: 686-702 .

［5］Stern N. The economics of climate change: The Stern review ［M］.Cambridge: Cambridge University Press, 2006.

［6］Yun Gao. China's participation in and contribution to IPCC ［J］. Science Bulletin, 2019, 64（4）: 213-215.

［7］巢清尘, 张永香, 高翔, 等 .《巴黎协定》——全球气候治理的新起点 ［J］. 气候变化研究进展, 2016, 12（1）: 61-67.

［8］陈迎, 潘家华, 庄贵阳 .斯特恩报告及其对后京都谈判的可能影响 ［J］.气候变化研究进展, 2007（2）: 114-119.

［9］陈迎, 庄贵阳 .《京都议定书》的前途及其国际经济和政治影响 ［J］.世界经济与政治, 2001（6）: 39-45.

［10］韩佳蕊, 姜含宇, 张兆阳, 等 .中国氢氟碳化物削减政策框架研究——基于

现有控制臭氧消耗物质体系及发达国家经验［J］.环境保护，2016（5）：69-71.

［11］吕晓莉，缪金盟. IPCC 在气候变化全球治理中的作用研究［J］.国际论坛，2011，13（6）：34-40，78.

［12］潘家华.经济学人的气候变化研究之道［N］.中国社会科学报，2018-11-02（6）.

［13］任小波，曲建升，张志强.气候变化影响及其适应的经济学评估——英国"斯特恩报告"关键内容解读［J］.地球科学进展，2007（7）：754-759.

［14］涂瑞和.《联合国气候变化框架公约》与《京都议定书》及其谈判进程［J］.环境保护，2005（3）：65-71.

［15］吴灿，贾朋群.中国的声音在提高——基于 IPCC 第五次评估第一工作组报告的文献计量分析［J］.气候变化研究进展，2014，10（1）：65-66.

［16］向国成，李宾，田银华.威廉·诺德豪斯与气候变化经济学——潜在诺贝尔经济学奖得主学术贡献评介系列［J］.经济学动态，2011（4）：103-107.

［17］郑秋红，王小玲，吴灿，等. IPCC 第五次评估报告第二工作组报告中国引文计量分析［J］.气候变化研究进展，2014，10（3）：208-210.

［18］庄贵阳.中国经济低碳发展的途径与潜力分析［J］.国际技术经济研究，2005（3）：8-12.

第
2
章

气候变化多边谈判中的重点领域和关键议题

2.1 气候变化多边谈判的重点领域

全球合作应对气候变化的主要途径是努力减少温室气体排放、抵御全球气候变化带来的负面影响，即减缓和适应；资金和技术是发达国家向发展中国家提供的用于减缓和适应的支持。以上四个领域的议题是气候变化谈判的重点。

2.1.1 减缓气候变化及其目标

根据《公约》的定义，减缓是指"通过人为干预温室气体排放，减少源、增加汇"，温室气体是指"大气中那些吸收和重新放出红外辐射的自然的和人为的气态成分"。受《京都议定书》管控的温室气体有 6种，《〈京都议定书〉多哈修正案》将受管控温室气体扩大至 7 种。能产生温室效应的不限于温室气体，还包括大气中的颗粒物和气溶胶。减少温室气体排放是减缓的主要途径。

目前的减排手段与能源产业结构调整高度相关。能源结构和产业结构转型、可再生能源发展、节能和提高能效的主要效果都是减少化石燃料燃烧产生的温室气体排放。工业领域的减排手段目前相对比较成熟的是碳捕集与封存（CCS），碳捕集、利用与封存（CCUS）。极端的非常规减排手段还有气候地球工程（Climate Geo-engineering）。碳汇包括森林、草原和海洋的碳汇。这些减排手段加起来只是减少温室气体排放的净增量，全球排放量尚未达峰，即使没有新增排放，大气中已经存在的温室气体也将留存长达上百年。

减缓气候变化涉及各国的切身利益，特别是对发展中国家而言，更是关系到生存和发展的重大问题。减缓不仅面临排放数量减少的紧迫性要求，还有公平的诉求，是气候变化多边谈判中最重要的领域之一。只有大幅减少温室气体排放量，使其浓度降低，才能有效应对全球气候变化。与减缓密切相关的几个议题首先是减多少的目标问题，具体包括长期目标、中期目标、短期目标及全球目标、区域目标、国家目标，其表现形式是排放量、浓度和温度等。此外，还有涉及基准年份等国际条约的法律约束范围问题、谁来减的责任分担问题等，以上都是多边谈判中各方关注的焦点。

减排目标，特别是全球目标是多边气候谈判的关键要素。全球长期目标所释放的信号指引各国承诺、制定和执行减排目标，引导各行业进行减排技术、产品和服务的研发、应用、推广，是重要的全球公共产品。在多边气候谈判中，各方就全球目标的形式展开过讨论，大致分为减排量目标、浓度目标和温度目标。

温室气体的减排量目标涉及排放空间的问题。假定气候变化风险存在可以量化的安全阈值，可以通过计算机模拟和数据推导得出全球在未来 50 ～ 100 年还能排放多少温室气体，这个温室气体排放的上限数量就是全球碳排放总量。在理想情况下，各国若能根据各自在谈判中达成的约定完成其减排任务，就能共同完成全球减排目标，使全球气候变化维持在安全阈值之内。减排量目标可以直接与行动挂钩，是最适合制定政策的，各国国内应对气候变化的政策大多围绕减排量目标展开。但是在全球层面，这一目标的谈判遇到了巨大的挑战。一方面，要建立起"减排量 - 温度 - 影响"的数量关系存在困难和不确定性，不同学者提出了不同的"转换系数"，方法学上没有定论；另一方面，对于如何在各国分解落实全球减排量目标仍无法达成共识。后者进一步加剧了因方法学不统一而导致的立场差距。

各方还短暂地讨论过是否可将大气中的气溶胶浓度目标作为应对气候变化的全球目标，如"350 ppm①情景""450 ppm 情景""550 ppm 情景"等对应着不同的太阳辐射强迫水平，温室效应的"加速度"因之变化。由于浓度目标难以监测和落实，大气层在各国上空的分布浓度也不是均匀的，因而其操作性较减排量目标更差一些。

最后，为了明确一个目标，各缔约方将落脚点放在温度目标上。《巴黎协定》中明确将"把全球平均气温升幅控制在工业化前水平以上低于2℃之内，并努力将气温升幅限制在工业化前水平以上 1.5℃之内"作为 2020 年后全球合作应对气候变化的减缓目标。

关于减排责任的分担，发达国家和发展中国家存在认识上的很大差距，这也是全球减排量目标谈判无法提上议事日程而被束之高阁的原因之一。发展中国家不承担减排硬约束在道义上是站得稳脚跟的。目前，大气中的温室气体主要由发达国家在工业化、城市化进程中大量排放的积累和存续导致的，新兴发展中经济体的贡献虽逐年增加，但还远未达到发达国

---

① ppm 为 parts per million 的缩写，表示 10^{-6}。

家的水平。如图 2-1 所示，欧盟（28 国）和伞形国家温室气体的历史排放水平远超过发展中国家——77 国集团。

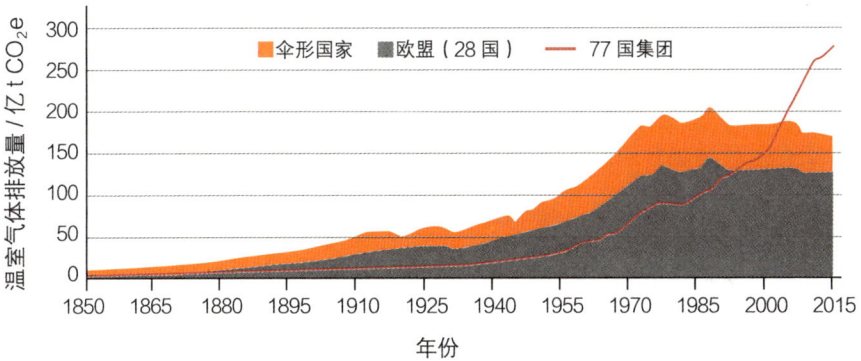

图 2-1　发达国家和发展中国家温室气体历史排放量比较

数据来源：Postdam institute for climate impact research.2019.The PRIMAP-hist national historical emissions time series（1850—2016）［Gütschow et al.，2016，http：//doi.org/10.5194/essd-8-571-2016；Gütschow J，Jeffery L，Gieseke R.（2019）：The PRIMAP-hist national historical emissions time series（1850—2016）. v2.0. GFZ Data Services. https：//doi.org/10.5880/pik.2019.001］.

碳排放不仅具有减排义务的含义，还应该有生存权、发展权的含义。从减排义务来看，发达国家和发展中国家的义务分担具有天然的差别。发达国家理应按照《公约》的要求率先进行全经济范围的量化减排；同时，鉴于给发展中国家应对气候变化带来的负面影响，应给予其资金、技术和能力建设的支持。然而，当前的全球气候治理话语强调绝对低碳、减碳，这也是存在某种认识误区的，是在某种程度上忽略了碳排放的基本属性——生存权和发展权。碳排放在成为全球污染来源之前并非一无是处，并不是完全不排放就是合理的。中国学者就从人文社会发展的角度研究探索过碳排放的合理水平。

人类吸入氧气、呼出二氧化碳，这是维持生命的最基本条件之一，人类赖以生存的生态系统也要依靠碳循环加以维系。碳排放在这个层面上体现了生存权。人类要发展，就会通过衣食住行产生碳排放，住房、交通、产品的生产是碳排放的主要来源，在这个层面上，一定水平的碳排放体现了发展权。我们既要通过碳排放来坚守生存权和发展权，同时又要避免超出生存权和发展权范畴的奢侈性、浪费性碳排放。

从碳排放总量来看，根据国际能源署（International Energy Agency，IEA）的数据，1990 年中国排放量只有 20.8 亿 t，约占全球排放量的 10.1％，人均排放量 1.8 t，远低于当时的全球人均排放水平。2012 年，中国的温室气体排放总量约为 118.29 亿 t CO_2e，约占全球的 1/4。碳排放总量指标有助于把握总体，在谈判减排目标时具有较强的可操作性。然而，对于中国和印度这样的大国，由于人口众多、幅员辽阔、碳生产力较低、碳排放强度较高，其排放总量虽然很大，但是发展水平仍然存在不平衡、不协调和不可持续的方面，依旧是发展中国家。

从人均碳排放量来看，根据 IEA 的数据，2016 年中国人均碳排放量为 6.57 t，超过了欧盟 6.1 t CO_2 的水平。有研究认为，人均碳排放量达到 6 ～ 8 t 就能使人们满足基本的生活需要，并过上体面的生活。有人借此认为，中国已经超过了欧盟的发展水平。实则不然，随着经济发展水平的提高，人均碳排放量会呈现较为明显的先增加后降低的倒 U 形排放路径。发展中国家往往处在人均碳排放量逐渐上升的过程中，而发达国家已经从较高的人均碳排放水平上开始下降，实现了碳排放与经济发展的脱钩。欧盟当前的人均碳排放水平是从 20 世纪 80 年代人均 8 ~ 9 t 的水平上降下来的，而中国的人均碳排放水平则是在 1 t 的水平上逐渐增加而来的。碳排放存量和流量的差别在此得以体现。

从累计碳排放量来看，据测算，1900—2010 年发达国家的累计碳排放量为 8 796.4 亿 t，占全球的 71.2%，其人口占全球的 18.7%；发展中国家的累计碳排放量为 3 559.4 亿 t，占全球的 28.8%，其人口却占到全球的 81.3%。由于温室气体是存量污染物，其中占比最高的二氧化碳在大气中留存的时间很长，可以达到数百年甚至上千年，这就给气候变化影响的归因溯源过程带来了历史责任问题。明确历史责任是必要的，因为正是工业革命以来发达国家大量排放的温室气体仍然留存在大气中，并将持续留存在大气中，才导致目前的全球升温和气候变化。

从人均历史累计碳排放量来看，据测算，1850—2005 年英国、美国、德国的人均历史累计碳排放量分别达到 1 125 t、1 107 t、958 t。而中国同期的人均历史累计碳排放量仅为 71.3 t，远低于发达国家水平。综合考虑人际公平和历史责任，才能较为真实地反映一国的发展水平。

《巴黎协定》第 3 条定义了 NDC，即"作为全球应对气候变化的国家自主贡献，所有缔约方将采取并通报第 4 条、第 7 条、第 9 条、第 10 条、第 11 条和第 13 条所界定的有力度的努力，以实现本协定第 2 条所述的目的。所有缔约方的努力将随着时间的推移而逐渐增加，同时认识到需要支持发展中国家缔约方，以有效履行本协定"。在 NDC 中，发展中国家主张要将适应与减缓作为平衡的要素进行列示和表述，但是大多数发达国家普遍只有与减缓相关的内容。《巴黎协定》的正文中并没有明确各国的减缓义务，在弱约束条件下如何保证全球的减排行动能够满足全球温升控制在 2℃的目标是短期可见的极大挑战。在这种情况下，一方面，要充分利用NDC、遵约及全球盘点机制，从道义上要求发达国家承担全经济范围内、全要素、全气体覆盖的量化减排义务；另一方面，要充分考虑如何通过市场化手段，为发展中国家的减排行动谋取应得的补偿。

2.1.2 适应气候变化及其方法

《公约》中定义的适应是指"面对气候变化负面影响而采取的应对行动"。《巴黎协定》中提出了提高适应能力和适应恢复力的全球适应气候变化目标。中国发布的《国家适应气候变化战略》（发改气候〔2013〕2252 号）指出，适应是"通过加强管理和调整人类活动，充分利用有利因素，减轻气候变化对自然生态系统和社会经济系统的不利影响"。

适应气候变化议题与减缓气候变化议题具有同等重要的地位，甚至有一种说法认为减缓是长期的适应。与减缓相比，面对短时间内无法改变的气候变化现实，加强气候韧性尤为重要，这凸显了适应措施的重要性。IPCC 在 2001 年发布的第 3 次评估报告中提出"适应是补充减缓气候变化努力的一个必要战略"，认为国际社会应当"总结过去适应气候变化或极端气候事件的经验，制定适应未来气候变化的适应战略"。但是在气候谈判中，适应议题往往被放在减缓之后，受重视的程度还不够，表现出"重减缓、轻适应"的倾向。

1995 年，《公约》COP1 初次对适应气候变化的资金机制有所涉及，

但在之后的几届缔约方会议上，适应问题都没有实质性进展。随着 IPCC
对气候变暖的归因、响应等方面的专业化认识逐渐加深，国际社会对减缓
和适应二者相对关系的认知有所改进，具体表现为广大发展中国家对适
应议题更为关注，并要求在谈判的方方面面都要平衡减缓和适应的分量。
2007 年，在 COP13 的巴厘岛会议上明确了适应议题的重要性。2010 年，
COP16 的坎昆会议达成了《坎昆适应框架》，适应议题逐渐增加了其在
谈判中的比重。2011 年，COP17 的德班会议成立了适应委员会（Adaptation
Committee，AC），并在绿色气候资金的启动伊始就要求减缓和适应在资
金使用和项目分配上要各占 50%。适应议题的谈判在最繁忙的时候会有
十几个子议题同时推进。2015 年，COP21 的巴黎会议上，通过《巴黎协
定》和巴黎会议的决定确立了全球长期适应目标、适应信息通报等一系列
适应领域的框架性、制度性规定。2018 年，由荷兰政府牵头，包括中国
在内的 17 个国家（阿根廷、孟加拉国、加拿大、中国、哥斯达黎加、丹麦、
埃塞俄比亚、德国、格林纳达、印度、印度尼西亚、马绍尔群岛、墨西哥、
荷兰、塞内加尔、南非、英国）共同推动成立了全球适应委员会（Global
Committee on Adaptation，GCA），由联合国第八任秘书长潘基文、比尔
和梅琳达·盖茨基金会联合主席比尔·盖茨以及世界银行首席执行官克里
斯塔丽娜·乔吉耶娃共同领导。为了在气候风险面前更具韧性，该委员会
致力于加强各界对气候适应的了解，提高政府对气候适应的重视程度，鼓
励相应的解决方案，包括更明智的投资、新技术以及更好的规划。全球适
应委员会为加速全球适应气候变化的政策和行动搭建了高级别的政治平
台，开展了一系列声势浩大的宣传活动。

对发展中国家来说，其气候脆弱性更为凸显，受影响人群更多。全球气候变化对基础设施建设水平低、抗灾能力差的发展中国家影响更大。极端天气、气温上升、洪水暴雨等极端气候事件给农业、城市基础设施、沿海地区带来了适应气候变化的工作挑战。因此，发展中国家也普遍将适应议题作为气候谈判的主要关切。

适应议题的核心还在于出资问题。发达国家，包括欧盟和伞形国家在内的出资普遍消极，在《巴黎协定》的光环下，发达国家在适应出资问题的谈判语言上更为保守和后退，主张所有国家应承担共同的出资义务。发展中国家以77国集团（G77）和中国为核心，为缓和谈判气氛采取了迂回的策略，在适应出资问题上淡化出资义务和渠道，强调资金的使用。有关适应成果的内容多为程序性的安排，当前各方还在表述各自的观点，交锋比较激烈，但共识较少。

适应议题谈判的难点很多。在技术上，由于不同领域，如林业、农业、渔业、海洋等的适应方法和技术选择不同，因而在其气候风险监测、评估和指标体系的选择上可复制性和可推广性不强，可比性差。在技术难点的背后还有归因的难点，如何排除非气候因素的环境风险，使气候适应的需求准确可靠，进而进行责任分担是很难通过技术谈判解决的问题。此外，在适应政策和行动的开展过程中，并不是气候变化主管部门能够方方面面覆盖到的，而要与海洋、水资源、农业、渔业、林业等多部门联合行动，多头并举，目前尚缺乏切实的工作抓手和考核指标。正因如此，发展中国家由于适应的需求各不相同，因而很难在适应之下的具体问题上形成共同立场。适应议题分化成"脆弱人群""损失损害""土著人""性别"等小议题的适应诉求后，很容易演变成低廉的"要钱"借口，从而降低了适应议题诤诉过程中发展中国家的凝聚力。

发达国家对适应问题的重视程度远低于减缓问题。首先，他们不认可发展中国家提出的气候伦理观，不承认历史责任；其次，他们认为适应气候变化属于区域性问题，而非全球性问题，各国应该对各自的适应问题负责，因此不能要求适应领域的全球性经济补偿。因此，其指定的适应政策与行动往往局限在当地，对广大发展中国家的影响辐射范围不大。

2007 年发布的《欧洲适应气候变化绿皮书：欧盟行动选择》（以下简称《绿皮书》）强调适应在欧盟应对气候变化中的重要性，并为欧盟采取适应行动设计出大致框架。2009 年发布的《适应气候变化白皮书：面向一个欧洲的行动框架》在《绿皮书》的基础上进一步对欧盟的适应行动给予规划，提出适应行动的两步走计划：第一步是 2009—2012 年，这是采取适应措施的基础工作阶段；第二步是 2013 年以后，由此开始适应措施的正式实施。2013 年发布的《欧洲适应气候变化战略》则为欧盟实施适应行动提供了详细的准则，该战略不仅涵盖海洋与渔业、林业、农业等多个领域，而且针对成员国面临的不同问题提出了多种适应行动策略。

2.1.3　资金的属性、来源和分配

《公约》第 4.3 条规定发达国家要向发展中国家提供新的、额外的资金支持，这就是气候谈判中所讲的资金问题。《巴黎协定》第 2 条特别提出了气候资金发展的长期目标，即"使资金流动符合温室气体低排放和气候适应型发展的路径"。《公约》设置了专门的资金机制来解决履行《公约》

可能遇到的资金问题，这是《公约》的一个特色。很多环境公约都没有设立专门的资金机制，仅仅是依靠现存的多边环境基金来开展相关工作，如《生物多样性公约》就是这样。

《公约》最初阶段确定的资金机制指定全球环境基金作为该机制的运营实体，同时规定气候融资也可以通过其他双边、多边渠道拨付，资金来源和属性主要是各国财政支出的"赠款或其他优惠"资金。全球环境基金在很长时间内承担了气候变化领域资金运行和管理的支持工作。之后，在《公约》授权下，各缔约方又陆续通过谈判建立了一系列气候领域专属的资金机制，除前文提到的气候变化特别基金、最不发达国家基金、适应基金外，还有绿色气候基金（Green Climate Fund，GCF）等。资金机制的建立和运行在很大程度上鼓励了发展中国家参与应对气候变化的多边合作。《京都议定书》下的清洁发展机制也在《京都议定书》第一承诺期为发展中国家提供了很有力的支持，极大地提高了发展中国家应对气候变化的积极性。

独立的资金机制为《公约》开展减缓和适应气候变化工作、推动气候变化科学研究及在全世界开展应对气候变化的讨论和对话提供了更多可能性。发达国家负有向发展中国家提供资金支持的义务，发展中国家拥有在《公约》资金机制下使用资金的权利。资金议题的谈判是其他议题的核心诉求，很多议题的技术细节讨论清楚之后落脚点都会放在资金问题上。建立机制、进行对话、科学研究、配备专职人员、开展项目、提供信息，这些议题普遍经历的不同阶段的诉求都会在资金议题上有所体现。由于观点立场差距很大，资金议题在气候谈判中是最关键的议题，花费的谈判时间最长、精力最大。

发展中国家普遍认为发达国家有义务向其提供应对气候变化各项工作的资金支持，因为发达国家担负的历史责任是造成全球气候变化的根本原因。曾经有人提出，发达国家应从其财政收入中提出 1% 左右作为全球应对气候变化的"公共资金"。极端的发展中国家认为发达国家应该无偿支付其应对气候变化的全部成本和损失，甚至不接受市场手段作为"公共资金"的补充。个别发展中国家认为新兴发展中排放大国也具有一定的资金义务，理由是这些排放大国的当前排放将影响其未来发展，并加大其未来气候风险。

在很长时间里，发展中国家在气候谈判中所谈的资金问题就是指"公共资金"，这是在"共同但有区别的责任"原则指导下发达国家应该承担的历史责任的一部分。但在《公约》《京都议定书》《巴黎协定》文本中都没有明确"公共资金"的概念和定义，只是用"新的、额外的"对这一资金加以描述。

发达国家在资金问题上有不同的认识，他们认为自己出于道义，而非历史责任，愿意帮助发展中国家提高应对气候变化的能力，特别是提高报送应对气候变化相关信息的能力。而对于发展中国家开展减排和适应气候变化的政策和行动所需要的额外成本，他们不愿意通过赠与或者援助的方式给予支持，而是更希望通过市场和私人部门完成对发展中国家在这些方面的支持。这主要基于以下考虑：一方面，发达国家从根本上不认可其历史责任的法律有效性；另一方面，他们更希望通过引入私人部门的资金，将其绿色低碳技术、产品和服务推广到广大发展中国家，形成切实的经济利益。此外，发达国家试图将所有有能力的国家与发达国家放在同等地位，"all parties in a position to do so"（所有应该这么做的缔约方）这一表述在 2015 年《巴黎协定》案文草案中出现了 15 次之多，对包括发展中大国在内的新兴经济体形成了实质性的出资压力。

在多年的谈判中，最有力度的资金议题成果包括短期气候资金和长期气候资金两部分，都是需要在 2020 年以前兑现的。短期气候资金是指哥本哈根气候大会上谈判达成的"快速启动资金"（Fast Start Finance，FSF），即 2010—2012 年，发达国家每年提供 100 亿美元的气候资金作为全球应对气候变化的"公共资金"。长期气候资金是指发达国家应在 2020 年以前每年提供 1 000 亿美元规模的"公共资金"。长期气候资金的谈判还涉及 2020 年以前发达国家 1 000 亿美元的出资路线图问题。发达国家抛出了一个 1 000 亿美元路线图，然而这一所谓的路线图与之前 OECD 的气候资金路线图报告类似，资金的来源中包含了大量的发达国家双 / 多边对外直接援助、多边开发银行的优惠贷款等内容（图 2-2），并不能满足所谓的新的和额外的"公共资金"来源的要求。

《巴黎协定》将《公约》的资金要求具体化，规定 2025 年以前，发达国家每年应筹集 1 000 亿美元用于帮助发展中国家应对气候变化。需要说明的是，1 000 亿美元的筹资总目标并未在发达国家之间进行分配，即没有强制性的出资分摊机制，捐助国可自行决定援助金额。

目前，绿色气候基金总承诺注资额约为 100 亿美元，这个资金量仅为快速启动资金的 1/3，与 2020 年以前每年 1 000 亿美元的长期气候资金承诺相距甚远。从资金在要素间的分配来看，减缓和适应各占 50%，并

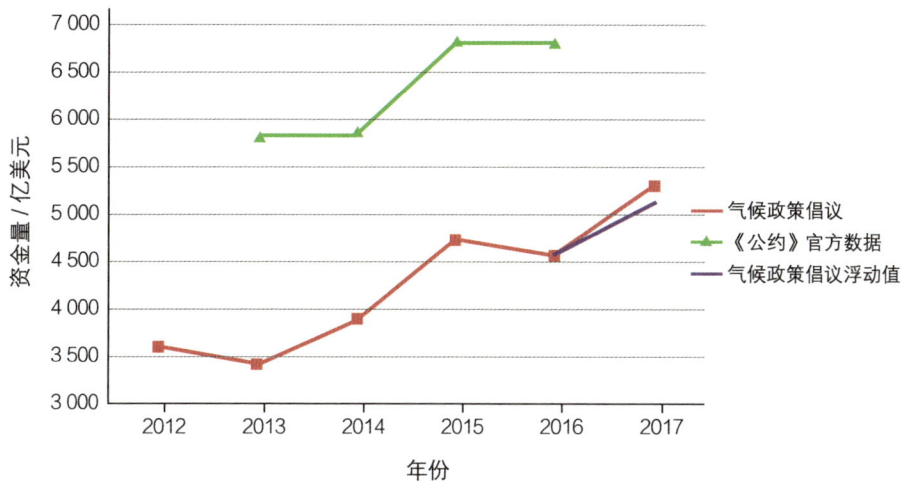

图 2-2　全球气候融资走势

数据来源：CPI（2018）；UNFCCC（2018）；陈兰等，2019。

没有给技术、能力建设和其他议题留有余地，而且适应的 50％ 还要再分出 50％ 专门留给小岛国联盟和最不发达国家，其他广大发展中国家的关切将很难得到满足。美国新一届政府大幅削减甚至取消对全球气候治理的资金支持，未来国际气候的"公共资金"将更难新增。在这个预期下，未来的资金谈判将很难达成共识，私人部门和市场在气候资金问题上的作用不容忽视。

2.1.4　技术转移、转让

气候变化语境下的技术主要分为减缓和适应两大类。减缓技术主要指可再生能源、交通、建筑、钢铁、水泥等领域的低碳技术，适应技术主要指水资源、农业防灾减灾、城市基础设施、海岸带可持续发展和建设等领域的气候韧性技术。《公约》第4.5条技术转让条款要求发达国家要促进、帮助、支持发展中国家获得环境友好型技术转移和转让，以使他们能够履行《公约》的要求。《京都议定书》对技术转移和转让做了更为具体的规定，在"巴厘行动计划"之后技术转移议题成为国际气候谈判中的重要议题之一，一直延续到《巴黎协定》及其实施细则的谈判。

技术议题中的知识产权问题是发展中国家和发达国家观点最为对立、分歧最为严重的关键节点。发展中国家认为，知识产权保护是阻碍《公约》下技术转移和转让顺利进展的核心问题，应该寻求开放知识产权的方法和途径。而发达国家认为，知识产权保护问题超出了《公约》管辖和讨论的范围，不应在气候谈判中进行实质交流。

发达国家对知识产权保护的坚持，一方面是因为发达国家的知识产权，特别是先进的知识产权多数掌握在私人部门手中，政府对其没有直接的支配权；另一方面是因为知识产权保护能够为发达国家开拓发展中国家的市场创造可持续的动力，关乎国家利益不能放弃。因此，知识产权保护赋予了技术转移和转让议题很强的资金含义。

环境友好型技术的发明本身就是带有正外部性的：在其研发和推广过程中往往少不了政府的推动支持，所用的必然是公共财税；在其实际使用过程中同样会产生正的环境收益，也有公益属性。发达国家纠结在知识产权问题上，实际上还是出于国家保护主义的考虑，是为了保护其气候友好型产业的全链条竞争力。

在发达国家关于知识产权保护问题的强硬立场下，发展中国家做了多种尝试和妥协。在承认知识产权保护的前提下，发达国家可以出资使发展中国家能够购买所需要的知识产权使用权，从而获得技术转移；发达国家也可以统一购买发展中国家技术需求清单上的知识产权，再提供给发展中国家使用，完成直接的技术转让。但是发达国家在技术问题上很坚持，妥协和退让的空间很小，以至于谈判在很长时间内都没有实质性的进展。

技术议题的谈判基本上滞留在程序、模式、机制的管理结构和方式等问题上，而关于实际的技术转移和转让项目、政策和行动、资金的来源和分配谈得比较少。2010 年，在墨西哥坎昆会议（COP16）上通过的《坎昆协议》中正式决定建立技术机制，规定技术机制由技术执行委员会（Technology Executive Committee，TEC）和气候技术中心与网络（Climate Technology Centre and Network，CTCN）组成。在其后的谈判中，各缔约方就技术机制及其组成部分的运行模式和从属关系进行了漫长而艰难的讨论。发达国家倾向于弱化技术机制的作用，不建立 TEC 和 CTCN 之间的密切联系，坚持将技术相关报告和建议放在附属机构中讨论，并由附属机构提交给缔约方会议（COP）决议。而发展中国家希望强化技术机制的各项职能，与资金议题挂钩，切实发挥作用。《巴黎协定》第 10.1 条指出，"缔约方共有一个长期愿景，即必须充分落实技术开发和转让，以改善对气候变化的抵御力和减少温室气体排放。"虽然该条款重申了技术合作的重要性，表明了技术合作长期性的必要，但缺乏进一步的落实措施，对发展中国家和发达国家都没有严格的法律约束力。此外，《巴黎协定》

第 10.6 条指出，"发达国家应向发展中国家缔约方提供资金，以支持技术周期不同阶段的开发和转让合作"，从而首次将资金和技术联系起来，可以算作是技术议题谈判的一项突破。

2.2 交叉议题和新兴议题

能力建设是交叉议题，在减缓、适应、资金、技术等要素中均有涉及。同时，所有的努力和支持都需要加强相关信息的透明程度，因此加强信息透明程度也属于交叉议题。

随着谈判政治意愿的此消彼长，谈判时也会出现一些新兴议题，如"损失损害""性别与气候变化""当地社区和土著人平台""应对措施""林业""气候智慧农业"等。近年来，新兴议题有集聚性爆发的趋势，表面上这些议题可有可无，但究其背后的原因，则是发展中国家内部不同利益集团在全球减排的政治决心受到挫折的表征。发展中国家没有全面参与这些新兴小众议题，也没有就这些议题达成共识，因此很容易被发达国家利用来分化发展中国家整体立场，从而存在一定风险和隐患。

2.2.1 能力建设

由于发展中国家欠缺履行《公约》承诺的能力，需要发达国家给予支持以加强能力建设，波恩会议（COP5）通过了针对发展中国家能力建设的第 10/CP.5 号决定，提出《公约》资金机制要为发展中国家能力建设提供资金和技术支持。能力建设是交叉议题，在减缓、适应、资金、技术等要素中均有涉及。2009 年之后，在 AWG-LCA 中将能力建设增列为独立议题。

《巴黎协定》中的能力建设目标是为提高发展中国家应对气候变化的能力，增强发展中国家，尤其是最不发达国家、小岛国联盟和气候最脆弱国家适应和减缓气候变化行动的能力而设定的。COP21 决议授权 SBI 建立巴黎能力建设委员会，负责全面协调对发展中国家能力建设的支持，监管 2016—2020 年的能力建设工作计划，以全面系统地促进和增强发展中国家应对气候变化的能力建设活动。

《巴黎协定》第 85 段授权缔约方建立透明度能力建设倡议（Capacity Building Initiative on Transparency，CBIT），以作为 2020 年前后的能力建设机制，并明确了全球环境基金应对该倡议进行资金支持。全球环境基金在 2016 年 5 月的第 50 次理事会上成立了 CBIT 信托基金，资金规模约 3 000 万美元，以支持发展中国家开展与透明度相关的能力建设项目，单个项目的规模在 100 万～150 万美元。

自《公约》生效以来，能力建设活动主要由《公约》内外的机构、机制通过双边和多边渠道展开，形式以培训、论坛等为主，内容主要集中在与透明度相关的内容上，如图 2-3 所示[①]。

能力建设议题花了很长时间建立机制，主要原因在于发达国家认为

---

① 张永香，黄磊，袁佳双. 联合国气候变化框架公约下发展中国家的能力建设谈判回顾［J］. 气候变化研究进展，2017，13（3）：292-298.

图 2-3 《公约》下能力建设活动开展情况

注：CGE-《公约》非附件一国家信息通报咨询专家组；LEG-最不发达国家专家组；AC-适应委员会；CDM-清洁发展机制（执行董事会）；WIM-华沙损失与损害国际机制；TEC-技术执行委员会；CTCN-气候技术中心与网络；SCF-资金常设委员会。

这是一项交叉议题，技术上不宜单独讨论，策略上会给发展中国家多开一个要求提供资金、技术等支持的窗口。事实上，在《公约》机制下，能力建设仅限于国家信息通报等领域，且提供的支持缺乏有效性，不能促进发展中国家国内相关领域能力的提高。发达国家通过《公约》渠道开展的能力建设支持存在诸多问题，如仅限于项目支持，存在缺乏连续性、区域不平衡和不能审评等问题。据此，发展中国家认为能力建设议题是资金、技术等支持的落脚点，应该单独谈判，并通过建立独立的能力建设机制来管理和巩固发达国家提供各项支持的效果，即是否切实提高了发展中国家应对气候变化的能力。巴黎能力建设委员会和透明度能力建设倡议的建立从一定程度上缓解了发达国家和发展中国家关于能力建设机制问题的冲突。从国际层面来看，发展中国家普遍对这一机制寄予厚望，希望其能够在对能力建设资源的获取、经验传播和有效提高其应对气候变化能力方面为发展中国家提供帮助。就发达国家而言，在积极推动发展中国家努力采取气候变化减缓行动的同时，应对发展中国家的能力建设诉求有所回应。

2.2.2　透明度

《公约》第 4 条、第 10 条、第 12 条中要求缔约方公布一系列信息，包括但不限于温室气体排放的清单和排放趋势预测、各国应对气候变化的政策和行动、发达国家向发展中国家提供的各种支持、发展中国家接受的各种支持以及进一步的需求。基于"共同但有区别的责任"原则，发达国家和发展中国家在公布有关信息的内容、频率、方法学依据、是否接受审评及其严格程度等方面有着明确的区别。在《京都议定书》和《巴黎协定》中关于温室气体清单信息及核查等具体内容有着更为细致的要求，对于不同的信息设置了不同的"导则"。总体来看，这些共同构成了《公约》框架下有关透明度的内容。透明度议题在"巴厘路线图"和"德班平台"谈判中的重要性逐步提升，内容涵盖各项其他议题，成为最重要的交叉议题。

透明度议题最早是指各缔约方提交给《公约》秘书处的各种信息要满足"可测量、可报告、可核查"的"三可"要求，主要针对事后信息，可以理解为狭义的透明度。在《公约》和《京都议定书》中，这种透明度要求更多针对的是发达国家的减排信息，这让发达国家非常不满，并因此向发展中国家提出可比的透明度要求。"三可"要求在《巴黎协定》谈判中的事后遵约、全球盘点中都有相应的延伸。针对发展中国家的国情，本着"共同但有区别的责任"原则，《巴黎协定》中在透明度的"三可"要求基础上，给发展中国家设置了一系列"灵活性"条款和"赦免"条款，增加了对发达国家在资金、技术、能力建设等方面强制性提供信息的要求。随着谈判的逐渐推进，在NDC的提出和更新过程中也加入了相似的要求，对事前信息的透明度也提出了要求，补充了透明度的内涵和外延。在《巴黎协定》及其实施细则的谈判中，透明度议题成为一大亮点，给"自下而上"的NDC设置了一道"自上而下"的监控体系，系统性地提升了《巴黎协定》的完整性和功能性。有学者评价认为，《巴黎协定》的透明度机制拯救了国际多边气候治理的制度性危机。

目前，透明度涵盖事前、事后和常规性信息，包括NDC、国家信息通报、国家温室气体清单（报告）、发达国家两年报和发展中国家两年更新报、发达国家年度温室气体清单、发达国家国际评估与审评（International Assessment and Review，IAR）和发展中国家国际磋商与分析（International Consultation and Analysis，ICA）、全球盘点（2018年促进性对话）等。

透明度是现代多边环境条约中履行程序正义的手段。透明度机制的设置和运行是在国际多边框架下增进缔约方之间相互信任、促进协议各项内容顺利推进的重要保障，相当于给 NDC 上了一道保险，不履行透明度义务的缔约方将面临名誉损失。由于碳排放的生存权和发展权属性，围绕碳排放建立的透明度机制是各国政府治理能力现代化和治理体系现代化建设的客观需要，是实现可持续发展的必然要求。掌握了数据信息，才能在其基础之上进行政策设计，进而推动行为改变。碳市场建设，乃至其他资源、能源方面的环境类权益交易皆有赖于此。

2.2.3 损失与损害

所谓"损失"是指气候变化带来的无法修复的不利影响；而"损害"是指可以修复的不利影响，在气候脆弱地区受到很大关注。小岛国联盟和最不发达国家饱受气候变化的负面影响，遭受了很多损失与损害。图瓦卢在新西兰政府的支持和资助下已成为全球第一个因此举国搬迁的国家。大规模移民和建造堤坝等防护设施给小岛国联盟带来重大的损失与损害，不仅与其微不足道的排放不成比例，也超出其实际应对的能力，迫切需要在国际机制上予以保障。因此，这些国家强烈要求通过建立损失与损害机制敦促发达国家履行自身义务，为发展中国家应对气候变化的行动提供资金援助和技术转让。

损失与损害议题进入国际气候谈判最早可追溯至 2007 年的 COP13。会上，小岛国联盟提出"建立应对因气候变化影响造成的损失与损害多窗口机制"的建议，内容包括保险、恢复 / 赔偿、风险管理三个方面。2010年建立的"坎昆适应框架"将损失与损害纳入其中一个部分。在"德班平台"谈判期间,小岛国联盟和最不发达国家联合欧盟在谈判中异军突起,一度创造了气候谈判的热点议题。在之后的谈判中,在损失与损害议题下成立了"华沙损失与损害国际机制"(Warsaw International Mechanism for Loss and Damage,WIM)并制订了工作计划,成为《巴黎协定》的独立条款。WIM 设置的执行委员会共 20 个席位,其中附件一国家 10 个、非洲地区国家 2 个、亚太地区国家 2 个、拉丁美洲国家 2 个、小岛国联盟国家 1 个、最不发达国家 1 个和非附件一国家 2 个。执行委员会可在其授权内,根据需要成立具有咨询功能的专家工作组、下属委员会、专门委员会、专题咨询组和专门工作组,并向执行委员会报告。《巴黎协定》第 8 条是损失与损害条款,强调了损失和损害的重要性,以及可持续发展对于减少损失与损害风险的作用,明确了 WIM 是公约缔约方会议下的机构。巴黎会议有关决议还要求 5 年以内对 WIM 及其行动计划进行审查,2019 年开展了第二次 WIM 审查。

从名义上来看,损失与损害议题是以小岛国联盟为代表的发展中国家要求在《公约》下建立新的机制,以为发展中国家面对气候变化的不利影响提供有约束力的长效风险保障机制。从本质上来看,损失与损害是适应的一部分,是对适应内容的细化。由于气候变化的影响具有区域性特点,各国受气候变化的影响不尽相同,适应能力也不同,加之各国制度文化和价值观的差异,使各方在损失与损害议题的谈判中分歧很大,谈判一度陷入僵局。

伞形国家认为,适应问题主要是各国政府的责任,损害赔偿缺乏理论基础和方法学依据。专门为损失与损害问题建立单独的国际机制既不必要，也不可行；既不公平，也没有效率。此外，还将导致"道德风险"，削弱发展中国家自主适应气候变化的积极性和主动性，甚至引发发展中国家之间的矛盾和新的不公平。而欧盟的立场相对中立：一方面，欧盟认同发展中国家对这一问题的重视；另一方面，也认为赔偿并非唯一可取的方案，建议采取更具现实性和操作性的措施，即通过能力建设（如风险评估和信息平台）和国际合作（交流经验和知识共享）加强发展中国家的长期适应能力，减小风险及其损失。

小岛国联盟强调严重的损失与损害正在发生而且还将持续下去，需要建立单独的长效机制并设立理事会，其内容要涵盖保险、恢复和赔偿、风险管理三个核心内容。其中，如何恢复和赔偿是争议最大的关键问题。发展中国家集团认同气候变化对发展中国家造成的长期和客观的影响，强调损失与损害问题应得到重视，但是对于谁才是最脆弱的立场并不一致，很多发展中国家并不认可只有小岛国联盟和最不发达国家才是最脆弱的。小岛国联盟和最不发达国家在损失与损害议题上得到了欧盟的支持，强烈要求新设机构。实际上，对于这一议题在发展中国家集团内部形成了立场上的分化。损失与损害问题很多都是适应的内容，目前虽然已经成为独立议题并且成立了固化机制，但是很难新增资金窗口，实质上是弱化了适应议题的相关诉求。

2.2.4　当地社区与土著人平台

土著人运动始于殖民时期，在第二次世界大战之后开始逐渐发展。全球化进程加快了人类对资源、能源进行大范围深度开发的速度，从工业化、城市化密集的地区逐步紧逼到边缘地区，直到富含资源、能源的土著人居住区。土著人的利益在这一过程中受到很大的损害，这更激发了土著人要求环境权利的诉求。至今为止，土著人议题在多个公约中受到关注，影响力越来越大，成为多个多边环境进程中的重要议题之一。

《公约》框架下的土著人议题是以小拉美集团为先锋、拉美国家为主要阵营的新兴议题。巴黎会议、马拉喀什会议、波恩会议在不同程度上对"当地社区和土著人平台"的建立给予授权。该议题的有关表述在巴黎会议上被首次写入决议案文，在之后的几次会议上形成了一轮讨论的小高潮，在斐济做主席国的波恩会议上成为年度焦点议题并被各缔约方广泛纳入视野。

中国自古以来就是一个统一的多民族国家，包括汉族在内的 56 个民族都是中国的世居民族，5 000 多年来在自己的家园生生不息[①]。土著人和少数民族是两个不同的概念。中国的 56 个民族都是中国的世居民族，因此中国不存在像世界上某些地区存在的土著人[②]。中国始终积极支持并参与国际社会对土著人权利的保护行动，一直参与《土著人民权利宣言》起草工作组的磋商，中国专家自被选为土著人问题常设论坛成员以来，一直在为论坛的各项工作做出积极贡献。

土著人议题倡导者要求在《公约》框架内建立土著人平台，要有相

[①] 中国代表团副代表董志华在人权理事会第一届会议关于《土著人民权利宣言》起草工作组第十一届会议报告的发言，中华人民共和国外交部官网［引用日期 2015-09-10］。

[②] 联合国土著人问题常设论坛第 12 次会议在纽约总部开幕，联合国官网中文版［引用日期 2015-09-10］。

应的形式、机构和功能，并要做出适当的工作计划。土著人在这一过程中要和缔约方共同参与、对等决策。从本质上来说，这种提议挑战了《公约》缔约方驱动的原则，进一步挑战了一些国家的主权底线。

在谈判中有几个问题值得关注。第一，土著人组织（IPO）在《公约》下的法律地位问题。土著人组织曾经要求与缔约方在土著人平台上享有同等的地位和权利。事实上，不是所有的土著人都有土著人组织。根据《公约》秘书处提供的材料，土著人组织与其他在《公约》下注册的观察员组织在注册流程上是一致的[①]。《公约》第 7 条第 6 段中指出，"任何本《公约》所涉事项上具备资格的团体或机构，不管其为国家或国际的、政府或非政府的，经通知秘书处其愿意作为观察员出席缔约方会议的某届会议，均可予以接纳，除非出席的缔约方至少三分之一反对。观察员的接纳和参加应遵循缔约方会议通过的议事规则[②]。这个组织必须是联合国成员国的独立法人单位。"可见，只要将土著人的权利限制在存在《公约》认可的土著人组织的层面，便可避免土著人以自然人或者未经过主权国家承认的身份出席会议和分享权利。

第二，土著人的定义和分类。国际和国内的研究中，在研究种族

[①] 秘书处回复的观察员组织注册流程，http：//unfccc.int/files/parties_and_observers/observer_organizations/application/pdf/unfccc_standard_admission_process_ngos.pdf。

[②] 原文为 "Any body or agency, whether national or international, governmental or non-governmental, which is qualified in matters covered by the Convention, and which has informed the secretariat of its wish to be represented at a session of the Conference of the Parties as an observer, may be so admitted unless at least one third of the Parties present object. The admission and participation of observers shall be subject to the rules of procedure adopted by the Conference of the Parties"。

问题时往往会将"土著人"、"原住民"和"第一民族"的概念混用，而与环境公约相关的概念一般称之为"土著人"。土著人最初是西方殖民者对当地原住民的称谓。联合国国际劳工组织（International Labor's Organization，ILO）第 169 号公约将土著人定义为"独立国家的民族，他们因作为在其所属国家或该国所属某一地区被征服或被殖民化时，或在其目前的国界被确定时既已居住在那里的人口的后裔而被视为土著，而且无论其法律地位如何，他们仍全部或部分地保留了本民族的社会、经济、文化和政治结构"。这个定义主要适用于拉美国家和极地国家等存在殖民后民族问题的国家。此外，不同的学者对于土著人有不同的定义。如有人认为，土著社区、土著人和土著民族是那些与入侵前或殖民前已经在该领土形成的社会具有历史连续性，并认为自己是与在这些领土上占支配地位的社会其他群体或其中一部分群体不同的人们，是社会的非主导部分，并决心将其领土和其民族特性作为其存续的基础，将会根据其文化模式、社会体制和法律体系保存、发扬并传承给后代。总体来看，这些定义都包括了客观要素和主观要素，其中客观要素有时间要素、社会地位与状况要素、文化要素、族源要素、生计要素等，主观要素即自我认同。

在谈判中有建议称，要参照 CTCN 的模式来建立土著人平台。CTCN 在附件中有关于不同主体的详细定义，这在土著人议题上存在一定风险，原因是目前并不存在一个各国均认可的土著人定义，如果在《公约》下进行关于土著人定义和分类的讨论将会使该议题陷入僵局。关于这个问题的妥协方案是援引《联合国土著人民权利宣言》，并以此规避直接对土著人进行定义的争论。

联合国土著人民权利宣言

《联合国土著人民权利宣言》签订并生效于 2007 年 9 月。该宣言申明土著人民与所有其他民族平等，同时承认所有民族均有权有别于他人，有权自认为有别于他人，并有权因有别于他人而受到尊重。

第三，土著人平台是否是谈判进程。如果将其作为谈判进程就会产生直接的预算，而且谈判进程的结果会对资金、技术、能力建设、透明度等议题产生进一步的连带需求。而如果作为非谈判进程，实际上是弱化了土著人平台的作用和有关方面的诉求。

第四，当地社区如何把握。中国、法国以及一些亚洲国家都是单一身份国民，所有国民都是土著人民。依此来看，中国各个民族，包括少数民族在内都是中国人，法国和其他同类国家也是类似情况。在这类国家也会存在一些气候脆弱需要支持和保护的人群。在谈判过程中，为了争取维护这类人群的权益，就会按照"当地社区"的分类来处理。中国的少数民族有很多减缓和适应气候变化的经验和做法值得保护和宣传。从当地社区这一角度寻求其与土著人之间的平衡，可以提升中国在这一问题下的话语权。

《生物多样性公约》（Convention on Biological Diversity，CBD）框架下的土著人议题[1]由来已久。1998 年，在发展中国家缔约方、土著人和地方社区、非政府组织的推动下，《生物多样性公约》第 4 次缔约方会议

---

[1] 本部分内容感谢贾春燕和吴洁帮忙收集和整理材料。

正式决定设立"8（j）工作组（WG/8j）"[①]，向缔约方大会提供有关传统知识的技术咨询。WG/8j 为缔约方大会起草了传统知识的工作方案和行动计划，提出了评估传统知识现状和趋势的指标，制定了传统知识的道德行为准则和特殊制度的要素，还为制定并达成《名古屋议定书》[②]做出了重要贡献。在此基础上确立的原则也是《生物多样性公约》整体原则的基础，包括事先知情同意（Prior Informed Consent）、共同商定条件（Mutually Agreement Terms）、公平公正的惠益分享（Fair and Equitable Sharing of the Benefits）等。在 CBD 框架下，传统知识有许多异名，如"土著知识"（Indigenous Knowledge）、"乡土知识"（Native or Vernacular Knowledge）、"地方性知识"（Local Knowledge）等。这些名称只是使用的领域不同，其实质是一样的。《名古屋议定书》的主旨之一就是保护与遗传资源相关的传统知识，其主要内容是如何确保土著人和地方社区能够分享到相关惠益。

[①] 全称为"第 8（j）条及相关条款不限成员名额闭会期间特设工作组"，简称 WG/8j。

[②] 《生物多样性公约》于 2010 年第 10 次缔约方大会上通过《关于获取遗传资源和公平公正分享其利用所产生惠益的名古屋议定书》（简称《名古屋议定书》）。

土著人运动

土著人运动指的是为争取土著权益而开展的社会运动。在这一运动中，运动的组织者不仅包括土著人，也包括非土著人，其内容包括争取政治权益、社会权益、文化权益和经济权益等。土著人运动一般包括美国民权运动、澳大利亚土著人运动、亚马孙地区土著人权利运动和北欧地区萨米人运动。

美国民权运动发生于美国南北战争中。在南北战争发生前，美国黑人是奴隶；在战争发生后，种族隔离体系形成。而在约翰·肯尼迪担任总统后，于1963年提出民权法案。这表明美国在法律上承认了黑人的主体身份，他们的权利得到初步保护。此时，民权运动取得了一定成效。

澳大利亚种族问题起源于早期殖民者对土著人的迫害，而澳大利亚土著人运动兴起于"二战"后，深受美国民权运动的影响。土著人运动之后，联邦政府于1967年全民公决进行宪法改革，对待土著人的政策也由"同化政策"转变为"一体化政策"，进而演变为"种族和解政策"。至此，澳大利亚的土著人得到了更多的权利保障。

　　20世纪70年代以来，亚马孙地区土著人权利运动首先在厄瓜多尔、玻利维亚等国兴起，后来的10年间，哥伦比亚、厄瓜多尔、玻利维亚、巴西等国出现了大量全国性的土著人权利运动组织。亚马孙地区土著人权利运动兴起的原因主要是受到全球化浪潮的影响，政府和企业在亚马孙地区的开发带来了各种社会和环境问题，土著人无家可归，他们自身的独特性和传统文化受到冲击。这促进了土著人民族意识的觉醒，他们要求取得权利以及平等对待。此外，国际人权法规的完善和非政府组织的支持也促进了土著人权利运动的发生。

　　北欧地区的萨米人多分布在芬兰、俄罗斯、瑞典和挪威，他们以传统的方式进行畜牧、种植与生产。20世纪70年代以来，各国萨米人开始通过"萨米议会"作为其组织进行自决运动。后来，各国萨米人认为单打独斗的方式不利于争取自决权，因而各国萨米人团结起来为自决权而斗争。最后，芬兰、挪威和瑞典三国由政府代表和"萨米议会"代表组成的专家组着手起草了《北欧萨米公约》，从而使萨米人的权利逐步得到保障。

本章参考文献

[1]《巴黎协定》评估与应对课题组 .《巴黎协定》技术条款评估及建议［A］. 中国智库经济观察（2016）［C］. 中国国际经济交流中心，2017：6.

[2] 曾磊，周升起 . WTO 基本原则与多边环境公约的冲突与协调［J］. 经济研究导刊，2009（3）：133-134.

[3] 柴麒敏，傅莎，温新元，等 . 中国实施 2030 年应对气候变化国家自主贡献的资金需求研究［J］. 中国人口·资源与环境，2019，29（4）：1-9.

[4] 陈兰，张黛玮，朱留财 . 全球气候融资形势及展望［J］. 环境保护，2019，47（1）：33-38.

[5] 陈敏鹏，张宇丞，李波，等 .《巴黎协定》适应和损失损害内容的解读和对策［J］. 气候变化研究进展，2016，12（3）：251-257.

[6] 陈杨 . ITPGRFA 中传统知识的农民权利保护模式研究［J］. 求索，2017（4）：63-67.

[7] 陈耀华，等 . 基于土著社区参与和发展的自然遗产保护——以菲律宾伊格里特·巴科国家公园为例［J］. 安徽农业科学，2015（4）：148-150，248.

[8] 陈志平，曾茜 . 国际法上少数人与土著人民的保护［J］. 云南大学学报（法学版），2016（3）：72-78.

[9] 高翔，滕飞 . 联合国气候变化框架公约下"三可"规则现状与展望［J］. 中国能源，2014，36（2）：27-31.

[10] 龚微 . 论《巴黎协定》下气候资金提供的透明度［J］. 法学评论，2017，35（4）：175-181.

［11］郭江江 . 欧美适应气候变化的政策启示［J］. 浙江经济，2018（22）：42.

［12］郝海青，毛建民 . 全球气候治理新秩序下"三可"技术的管理规制［J］. 中国科技论坛，2016（12）：10-15.

［13］何棠 .《遗传资源获取与惠益分享的名古屋议定书》研究——写在中国正式加入《名古屋议定书》之后［J］. 法制与社会，2017（9）：10-11.

［14］黄以天，罗天宇 . 气候友好型技术转让与国际法：挑战与应对［J］. 复旦国际关系评论，2017（2）：78-102.

［15］姜克隽，昂莉，侯艳丽 ."可测量、可报告、可核实"方法的框架及在中国的适用性分析［J］. 气候变化研究进展，2010，6（3）：216-221.

［16］孔锋，吕丽莉，孙劭，等 . 地球工程对中国极端降雨致灾人口风险的影响研究［J］. 灾害学，2019，34（1）：99-106，134.

［17］李春晖 ."二战"后澳大利亚土著运动的兴起与高涨［D］. 南充：西华师范大学，2015.

［18］李萍 . 论狭义传统知识保护的国家立法——以贵州省地方实践为视角［J］. 贵州师范大学学报（社会科学版），2016（4）：145-153.

［19］梁晓菲 . 论《巴黎协定》遵约机制：透明度框架与全球盘点［J］. 西安交通大学学报（社会科学版），2018，38（2）：109-116.

［20］林欢 . 国家管辖范围外海域海洋遗传资源获取与惠益分享机制之构建［D］. 北京：中国政法大学，2017.

［21］马瑞阳 . 拉丁美洲亚马孙地区土著人权利运动及其影响［N］. 中国民族报，2016-06-10（008）.

［22］祁悦，柴麒敏，刘冠英，等 . 发达国家 2020 年前应对气候变化行动和支持力度盘点［J］. 气候变化研究进展，2018，14（5）：522-528.

［23］秦天宝，刘庆 .《粮食和农业植物遗传资源国际条约》的晚近发展及启示［J］. 青海社会科学，2016（5）：148-155.

［24］汪诗明 . 种族问题研究中三个基本概念的界定与阐释［J］. 安徽史学，2015

（1）：108-114.

［25］王克，邹骥，崔学勤，等.国际气候谈判技术转让议题进展评述［J］.国际展望，2013（4）：12-26，139.

［26］沃尔金内·柯尔贝萨，张大川.本土知识及其对保护生物多样性的贡献［J］.国际社会科学杂志（中文版），2015（4）：47-57，46，10-11.

［27］谢皓，丁东霞.《巴黎协定》中国际应对气候变化资金机制的新发展［J］.法制与社会，2019（15）：214-215.

［28］徐文韬.《巴黎协定》的资金机制研究［D］.重庆：重庆大学，2018.

［29］许健，钱林.欧盟适应气候变化的措施及其启示［J］.天津行政学院学报，2018，20（4）：89-95.

［30］许寅硕，刘倩.全球气候适应资金的现状与展望［J］.中央财经大学学报，2018（8）：25-36.

［31］薛达元.建立生物多样性保护相关国际公约的国家履约协同战略［J］.生物多样性，2015（5）：673-680.

［32］张艳梅.知识产权全球治理的现实困境与路径建构——以传统知识保护为研究视角［J］.求索，2015（5）：76-81.

［33］赵富伟，等.遗传资源获取与惠益分享相关国际制度新进展［J］.生物多样性，2017（11）：1147-1155.

［34］赵行姝.美国对全球气候资金的贡献及其影响因素——基于对外气候援助的案例研究［J］.美国研究，2018，32（2）：68-87，7.

［35］赵理智.土著人民自决权：基于国际人权法的理论辨析与实践展望［J］.江淮论坛，2017（6）：111-116.

［36］赵秋雁，刘业帆.全球气候变化背景下中国 MRV 体系的构建［J］.国际经济合作，2010（8）：80-85.

第
3
章

气候变化多边谈判中的潜在议题和《公约》外机制

在某些学术讨论中日趋热烈的话题尚未列入《公约》谈判的议程，如气候地球工程和短寿命气候污染物，这些潜在议题在《公约》外机制中或多或少都有所涉及，甚至某些《公约》外机制还对其发展表示非常关切。

3.1　气候地球工程的科学研究和国际治理[①]

3.1.1　气候地球工程与气候减缓和适应的关系

减缓和适应都是常规应对气候变化负面影响的手段。传统的气候变化减缓手段主要依靠减少化石能源使用来实现温室气体减排目标，而气候地球工程则包括能源生产和消费以外的不涉及工业生产过程管理、在较大地球尺度或规模上去除大气中的二氧化碳或直接控制太阳辐射强度而实现降温的各种人为的工程技术手段。

气候地球工程是一揽子人为大规模干预全球气候变化以减少其负面影响的各种工程手段的总称，分为碳移除（Carbon Dioxide Removal，CDR）[②] 和太阳辐射管理（Solar Radiation Management，SRM）两大类。CDR 通过生物、物理或化学的方法移除或转化大气中的二氧化碳，从根本上解决温室效应问题，主要包括海洋施肥、土地利用管理、碳捕集与封

[①]　本部分的研究和写作得益于陈迎老师多年的支持和指导，深表感谢。

[②]　"温室气体移除（Greenhouse-gas Direct Removal，GDR）""生物质能和碳捕集与封存（Bio-energy and Carbon Capture and Storage，BECCS）"也属此类。

存、生物炭（Biochar）等技术；SRM 通过改变太阳对地球的反照率来减少太阳辐射对地球升温的作用，包括太空反射方法，如向平流层注射硫酸盐气溶胶（SPI/SAI）等反射性颗粒物、设置太空反射镜、海洋云层增亮等技术，以及改变地面反照率方法，如屋顶涂白、沙漠绿化等技术。气候地球工程被认为是非常规的应对气候变化负面影响的手段，可以是极端的减缓（如 CDR），或者是极端的适应（如太空反射镜）。

目前，通行的减缓气候变化方法主要是通过使能源体系实现低碳化来消除气候风险之源，也就是温室气体减排。二氧化碳是一种生命周期较长的全球性污染物，因此任何一个国家的减排行动虽然具有全球影响，但是同其他国家或地区释放出的总排放水平相比，仍然是规模较小且不足以解决全球性气候问题的。而各种气候地球工程技术则是从另一个角度为解决气候问题提供了备选方案。例如，SRM 技术的投入使用可以使单个国家在较短的时间尺度上以较低的成本消除全球总排放产生的温升影响。而任何掌握 CDR 技术的国家也能通过独立行动降低全球大气层中的二氧化碳浓度，通过移除本国和其他国家过去和当前的碳排放，阻断了造成气候变化的因果关系之源。因此，从作用机理来看，CDR 类气候地球工程技术与传统的减排方法有很多类似之处，而 SRM 类气候地球工程技术则从根本上有别于这两种方法。

3.1.2　气候地球工程的科学研究进展

气候地球工程是气候变化领域新兴的一个热点问题，也称气候工程或气候干预。近年来，国际上对气候地球工程的关注日渐升温，讨论非常活跃，争议很大。特别是巴黎会议后，虽然达成了具有里程碑意义的《巴黎协定》，但各国的减排承诺仍不能实现控制全球温升不超过 2℃ 的目标，未来将何去何从？有学者呼吁"现在正是时候，应该认真讨论气候地球工程问题了"。

欧美等国已经率先开展了综合性的科学评估，大力倡导建立气候地球工程的国际治理机制。而中国对气候地球工程的综合性、系统性的研究才刚刚起步，在国际讨论中声音微弱。气候地球工程不同技术的作用机理不同，技术成熟度、有效性、经济成本、起效时间、对环境的可能影响和风险也不相同。即使同一技术，也包含大量复杂的技术参数，需要精细优化方案设计。

《巴黎协定》签署以来，气候地球工程的研究领域分化呈现快速增加的态势，其中对于 CDR 的研究得到了长足的发展，IPCC 第 5 次评估报告和 1.5℃ 特别报告中都将 CDR、GDR（温室气体移除）和 BECCS（生物质能和碳捕集与封存）等气候地球工程的技术和手段作为实现全球温度目标的重要技术路径。

对于 SRM 的科学研究主要使用计算机模拟。在气候模式中，科学家通过改变全球平均温度和温室气体浓度等参数来模拟气候地球工程，并观察其对全球生态系统的影响。基于计算机模拟的初步研究结果显示，气候地球工程对全球温度的影响在区域层面分布不均；对极地及冰川冻土消退的影响不显著；对大气圈层、海洋环流、季风环流等方面也都有地区性的影响。科学家还模拟了在没有常规减缓措施条件下的气候地球工程骤停，结果表明这会导致全球平均温度迅速回升。

SRM 研究领域也不乏田野实验，还有极少部分科学家获得了私人资金的资助，开始设计并实施微小规模的大气物理化学气溶胶播撒实验①，其中的部分研究因受到环保组织的强烈抵制而终止。鼓励小规模气候地球工程田野实验研究的学者通过收集太阳辐射管理的田野实验方案来研究其监管需要关注的要素，这些田野实验主要包括海洋云层白化、平流层气溶胶、卷云干扰等，从这些研究可以推断：第一，关于太阳辐射管理的田野实验正在被学者们开发，这些实验是建立在大气科学田野实验的基础之上的，且由来已久；第二，可能的实验范围很广泛，包括检测实验的物理规模、持续时间、整体的气候强迫和风险等；第三，很多实验的规模所产生的扰动与一般的工业活动具有可比性，如一次商务客机的航行或一次跨洋货轮的运输所产生的扰动。以上三点观察结论意味着对于太阳辐射管理的公共政策和治理不能建立在关于规模和风险的一刀切的假设基础之上。

然而，有观点仍然认为没有充分的证据支持田野实验的必要性，即使对于环境影响可忽略的小范围田野实验也需要进行额外的治理考量，因为除了直接的环境影响和技术风险本身，与人类基因组研究计划类似，与太阳辐射管理相关的研究还存在一系列社会、政治和伦理问题，如英国向平流层注射气溶胶的气候地球工程计划（Stratospheric Particle Injection for Climate Engineering，SPICE）就由于公众的反对而胎死腹中。在公众认知度较高的社会经常会有针对相关研究的社会阻力，然而当一个社会中大部分人群对相关领域的内容毫不了解也不关注，而且即使了解了也没有

---

① 相当于单架民航的尾气喷射量。

闲暇关注，甚至根本没有发言权，那么相关研究就完全不会遭到来自社会的阻力，政府如果不监管，就会形成监管的完全空缺。"治理先于研究"的观点值得支持，但是囿于这种观点而让所有相关研究和田野实验都止步不前是不明智的做法。在小范围的研究和田野实验中，一方面要严格进行环境影响评估和修复，另一方面要通过建立透明度机制和国际合作机制积累相关治理经验。

社会科学研究反复讨论了气候地球工程的伦理问题、技术经济可行性、国际治理的法律框架等。综合社会科学的研究成果可以初步判断：第一，气候地球工程领域的科学研究尚存在很大的不确定性，但是治理要先行，因为存在"道德风险"，不受监管的新兴技术产生的负外部性不可逆、不可控，还会出现"滑坡效应"，一旦开始讨论和实践便会逐步升级；第二，气候地球工程不能替代减缓手段，只能是补充；第三，气候地球工程技术涉及的门类繁杂，需要建立分级分类治理模式；第四，目前气候地球工程的国际治理现状呈碎片化，需要尽快建立并完善其国际治理体系。

3.1.3　加强气候地球工程国际合作的必要性

由于气候地球工程及其治理存在各种风险，对生态系统、社会经济发展、国际政治经济格局都存在潜在的影响，有必要关注和加强相关领域的国际合作。大量文献显示，各种气候地球工程手段在理论上都会对生态系统产生干扰，有很大的可能性会产生负面影响。海洋生态系统、森林生态系统、沙漠生态系统、水气环流、洋流等受到的干扰和负面影响从计算机模拟结果来看各不相同。但重要的是，由此带来的全球性影响无法证实，一旦发生则不可逆。此外，实施气候地球工程所带来的全球系统性风险，无论大小，在现阶段都是不可预测、不可调控的。

各国政府和政府间组织目前普遍对气候地球工程问题闭口不谈，主要是担心会阻碍当前《公约》下的谈判和行动进程，人们还对通过减缓手段达成2℃目标抱有微弱的希望。但治理的缺位会在客观上放任私人企业，甚至个别科学家在不受约束的条件下进行研究和实验，如美国已经有多项与气候地球工程相关的专利技术，这会进一步加大未来个别行为体实施单边行动的风险，将在事实上增加国际多边管制和治理的风险。此外，气候地球工程虽然在短期内还不具备可行性，但是随着全球气候变化负面影响的凸显，一旦达到风险阈值，在相关工程手段尚不成熟的情况下仓促上阵会进一步加大人类社会的存续风险。

现实中，随着学界研究和讨论的升温，非国家行为主体已经开始游说建立有针对性的治理平台和框架，如卡耐基气候地球工程治理倡议（C2G2）已经开始了五年行动计划，密集地与政府间组织、联合国机构、主要经济体、主要环境类非政府组织开展对话和讨论，并在《生物多样性公约》以及联合国环境大会等平台上推动气候地球工程的相关决议或协议。

从国际治理角度来看，气候地球工程的国际治理在海洋活动领域已经得到了规范[①]，但是在大气领域相关工程活动尚未得到有效治理。在2015年后巴黎时代的国际气候谈判中，气候地球工程所能起到的作用已经在部分环节受到了一定程度的关注，但尚未列入正式谈判议程。

[①]　参见《伦敦公约》及《伦敦议定书》。

《巴黎协定》中的长期减缓目标包括到 21 世纪末在工业化前水平的基础上将全球温升控制在 2℃以内，并为实现 1.5℃目标努力。但根据 2016 年 11 月《公约》秘书处发布的对各缔约方提交的 NDC 汇总效果的评估，全球温室气体排放量将在 2025 年超出 2℃目标履约要求的 19%，在 2030 年超出 36%。目前，全球平均温升已达到 1.3℃，各缔约方需要实施更加严格的 NDC 才能实现 2℃目标；即便如此，超量排放的情景仍然存在。从常规的减缓和适应路径来看，长期减缓目标难以实现，超量排放或将长达几个世纪。气候地球工程技术有望成为一种减缓的补充手段，但其治理至今缺位，需要尽快加强相关治理的讨论。

3.2　短寿命气候污染物的研究和治理

短寿命气候污染物（Short-lived Climate Pollutants，SLCPs）是指黑碳、甲烷、对流层臭氧和某些氢氟碳化合物。与二氧化碳等长期存在的温室气体相比，SLCPs 在大气中的停留时间较短，一般是几天到几十年。以上四类 SLCPs 已经造成了当今全球，尤其是城市地区及北极一类敏感地区的加速变暖，同时也对公众健康、食物、水和经济安全有着极大的危害，既可以直接影响人类健康、农业和生态系统，还会间接影响气候变化。及时应对 SLCPs 可以产生多重及快速的效益，也是遏制全球气候变化和空气污染的有效且经济可行的方式。SLCPs 已成为一个亟须全球关注和解决的关乎未来发展的关键性问题，需要采取快速和显著的全球行动以减少其排放。

　　《公约》框架下并未将 SLCPs 纳入正式谈判议程，各国在 NDC 中会自愿进行针对 SLCPs 的减排承诺。专注于治理 SLCPs 的多边平台是气候与清洁空气联盟（以下简称气盟），这是美国等六国与联合国环境规划署（United Nation Environmental Program，UNEP）于 2012 年 2 月 16 日发起的由政府主导的自愿性国际伙伴行动框架，其秘书长由联合国环境规划署执行主任担任。

　　气盟是美国在《公约》之外开辟第二战线的一项重大环境外交举措，在成立之初就打破了《公约》"自上而下"的履约方式。气盟通过推动伙伴国家有关项目合作来推动自主减排行动，侧重于强化全球、区域和国家层面的减排努力。气盟提高了关于 SLCPs 科学问题的认知度，并在私人部门参与气候融资领域有所推进。

　　气盟宣布成立后，受到一些包括西方学术和舆论界人士的质疑。气盟强调对公众健康、农业生产力和短期气候变化的多重效益，在发展中国家与发达国家之间建立了"共同关切"。在《公约》内外，美国与欧盟在 SLCPs 减排问题上形成了战略默契，拟在《公约》之外推动针对 SLCPs 的减排行动。

　　由于 SLCPs 具有影响全球气候变化和局域环境健康质量的双重特征，对国家安全和经济发展有重要影响，具有国家战略意义，因此应高度重视 SLCPs 的问题，有计划、有步骤地减排，从能力建设、配套设施等方面加强减排 SLCPs 的能力，通过对 SLCPs 治理进行合理的顶层设计将这项工作落到实处。

短寿命气候污染物

黑碳（Black Carbon，BC）是由化石燃料和生物质不完全燃烧产生的异质、高浓缩、富含碳的微小颗粒，主要包括烟炱[①]、木炭、焦炭和石墨碳等。黑碳粒径的尺度范围一般在 $0.01 \sim 1$ μm，以小球体聚合的形式存在，不溶于水和有机溶剂，只能通过燃烧过程形成，对其他污染物有很强的吸附能力，是 $PM_{2.5}$ 的重要组分之一，数量多、危害大。黑碳是全球第二大温升物质，但不属于温室气体，不受《联合国气候变化框架公约》及其《京都议定书》的管控。

甲烷（CH_4）是天然气、沼气、油田气及煤矿坑道气的主要成分，是一种很有价值的能源资源。甲烷是《京都议定书》中规定的 7 种温室气体之一，是继二氧化碳和黑碳之后最重要的气候强迫物质之一。

对流层臭氧（也叫低空臭氧、地面臭氧）是指大气对流层

[①] 烟炱是指从烟囱分离下来的或被烟道气冲刷出来后落到烟囱周围地区的煤烟。烟炱的粒径一般小于 0.5 μm，甚至小于 0.1 μm，其成分中 50% 是碳（即炭黑）。

中所含的大气臭氧（O$_3$），不仅对生物有害，还是光化学烟雾的组分之一。区别于平流层臭氧，对流层臭氧虽然含量甚少，但对人们生产、生活的影响十分显著，是一种重要而特殊的温室气体。

氢氟碳化物(HFCs)是有助于避免破坏臭氧层(平流层臭氧)的物质，作为消耗臭氧层物质的替代品，在20世纪80年代末由发达国家率先引入市场，并迅速得到广泛应用。但由于氢氟碳化物对气候变暖的贡献，早在1997年的《京都议定书》中就将其纳入受控温室气体。短寿命HFCs主要包括HFC-134a、HFC-125、HFC-32、HFC-245fa、HFC-152a、HFC-227ea 和HFC-143a，此外，还有生产氟氯烷（HCFC-22）过程中的副产物 HFC-23。

3.3 《公约》外机制中的气候变化问题

中国奉行多边主义，强调包容发展，注重区域合作。党的十八大以来，中国积极调整外交定位，奋发有为，在变动的国际政治经济格局下砥砺前行，在《公约》外气候变化多边合作进程中发挥了越来越重要的作用。

3.3.1　二十国集团

二十国集团（G20）作为国际经济合作的主要论坛，在国际经济事务中继续发挥着不可或缺的重要作用。21 世纪前 10 年，G20 国家的煤炭消费总量约占全球的 95％，石油和天然气使用量占全球的 70％以上，温室气体排放量约占全球的 80％，可再生能源投资占全球的 85％。在 2008 年全球金融危机之后，G20 将主要增长经济体纳入原本以发达国家为主的八国集团（G8），形成了旨在引导全球经济复苏的新型治理结构。

在 2009 年 9 月 24—25 日的 G20 匹兹堡峰会上，气候变化融资首次成为重要议题。G20 在全球应对气候变化政治意愿消极的阶段，为个别议题的突破注入了新的政治动力。2016 年，在中国的倡议下，G20 领导人峰会绿色金融研究小组正式成立，明确了金融在应对气候变化中的积极作用，《G20 杭州峰会公报》首次将绿色金融写入其中。在 G20 的推动下，全球各种绿色金融产品不断涌现，形成了绿色金融发展热潮。中美两国在此次杭州峰会期间向联合国秘书长潘基文交存了各自参加《巴黎协定》的法律文书，为推动《巴黎协定》尽早生效做出了重大贡献。2017 年 7 月的 G20 峰会上，德国总理默克尔表示，在美国退出《巴黎协定》后，欧盟将在气候变化的全球治理中承担更多的责任。2018 年 12 月的 G20 布宜诺斯艾利斯峰会期间，中国和法国的外交部长与联合国秘书长重申合作应对气候变化的坚定承诺和决心，为《巴黎协定》实施细则谈判的顺利达成注入了强大的政治动力。G20 是推动全球气候治理的重要平台，但是其成员缺乏发展中国家代表，不能取代《联合国气候变化框架公约》。

G20 国家的碳排放主要靠经济增长拉动，人口是 G20 中新兴国家碳排放增长的重要驱动因素。金砖国家[①]的碳排放效率[②]整体偏低，而中国的排名最低，碳排放效率提升潜力巨大。管理的低效甚于技术的低效，成为中国碳福利表现最差的重要原因，提高管理效率能够极大提升碳排放效率。加强环境规制和增加教育投入也有利于 G20 国家减少碳排放。

G20 正在为实现《巴黎协定》的 2℃和 1.5℃目标做积极努力。研究显示，G20 各成员国正在积极出台政策和行动履行各自在《巴黎协定》框架下提出的 NDC 目标承诺，图 3-1 展示了不同情境下 G20 成员的碳排放情况，图 3-2 展示了 G20 各成员国落实 NDC 目标承诺所需完成的碳减排量。

中国、印度、印度尼西亚、日本、俄罗斯和土耳其六国有望实现其 NDC 目标；阿根廷、澳大利亚、加拿大、欧盟、韩国、南非和美国等仍需进一步出台新的政策措施来保障 NDC 目标的如期达成。从图 3-1（b）中可以看出，美国需要进行的减排努力还很多。此外，沙特阿拉伯缺乏可供研究的信息披露，巴西和墨西哥的排放预测存在较大的不确定性，沙特阿拉伯和南非按照当前的政策情景到 2030 年的碳强度和人均碳排放数据都将在 2015 年的水平上持续增长。

[①] 金砖国家是指中国、俄罗斯、印度、巴西、南非。
[②] 该研究用碳排放福利表现（Wellbeing Performance of Carbon Emission）来研究碳排放效率（Wang et al.，2019）。

（a）

（b）

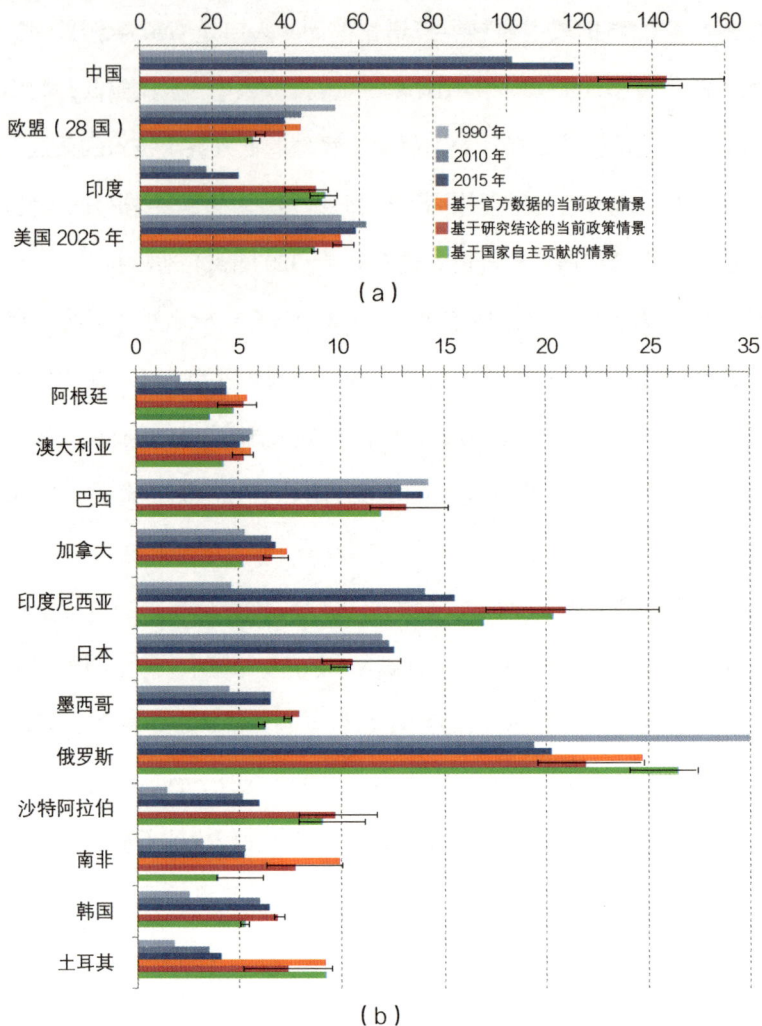

图 3-1 基于不同情景的 G20 成员到 2030 年的碳排放预测（亿 tCO₂e/a）

资料来源：Greenhouse gas emissions of the G20 members in the target year （2030，except for the USA：2025）for current policy scenario from official data sources （fourth bar）and from official and independent sources （fifth bar），and unconditional and conditional NDC scenarios （sixth and seventh bar）from all data sources.Retrieved from Elzena，et. al.，2019.

注：（a）为排放量大的国家和地区；（b）为排放量小的国家。

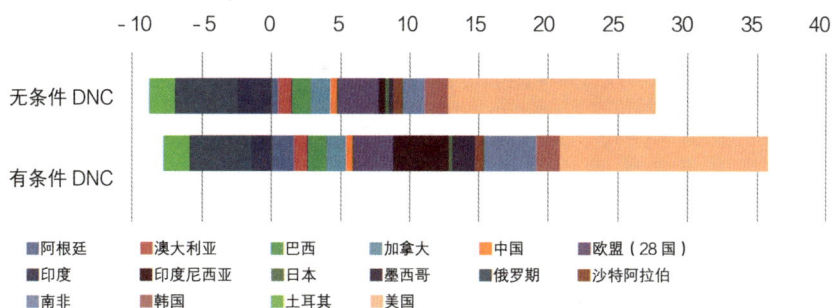

图 3-2　到 2030 年 G20 成员实现 NDC 目标所需减排量预测（亿 tCO_2e/a）

资料来源：emission reduction（GtCO2e/year）relative to the current policy scenario to achieve NDC targets in G20 members in 2030.（Calculation for USA based on extrapolated indicative 2030 target.）. Retrieved from Elzena, et. al., 2019.

3.3.2　亚洲太平洋经济合作组织

亚洲太平洋经济合作组织简称亚太经合组织（APEC）[①]，是亚太地区重要的经济合作论坛，为地区的和平稳定发展做出了重要贡献。APEC 成员的经济效率高于环境效率，提高能源使用效率和碳排放效率能够有效提高 APEC 国家的环境经济效率。目前，APEC 成员的能源效率正在显著提升，但还未达到预期。APEC 成员在制定能效提高政策时应谨慎使用能源强度目标：如果按照一次能源需求来计算能源强度，则使用核电和地热

[①]　APEC 现有成员为澳大利亚、文莱、加拿大、智利、中国（中国香港、中国台湾）、印度尼西亚、日本、韩国、马来西亚、墨西哥、新西兰、巴布亚新几内亚、秘鲁、菲律宾、俄罗斯、新加坡、泰国、美国、越南。

的经济体的能源强度会上升；如按照终端能源需求来计算能源强度，则会忽略电力生产部门效率的提高。此外，用汇率还是用购买力平价来折算国民生产总值（GNP）会对碳强度指标产生巨大影响。APEC 成员中存在巨大的减排潜力，提高能源利用效率和碳排放效率能够极大地促进 APEC 成员减少碳排放。APEC 成员中有很多是发展中国家，除经济贸易问题之外，人权、安全、反腐败、环境治理等问题也是重要的议题。APEC 成员中，低碳排放国的碳排放与腐败指数高度负相关，而高碳排放国的碳排放与腐败指数的相关度不显著。

中国一贯重视并积极参与 APEC 各领域的多边合作，并开始主动作为。APEC 在 2007 年 9 月的第 15 次领导人非正式会议上首次将气候变化议题作为核心议题加以讨论，通过了《关于气候变化、能源安全和清洁发展的悉尼宣言》。APEC 平台下，气候变化议题的显示度日益凸显，中国也扮演着日益重要的角色。随着全球贸易保护主义、拟全球化、民粹主义的抬头，各国普遍将亚太地区的经济贸易稳定寄希望于 APEC，并希望中国能够发挥更大的作用。

3.3.3 气候与清洁空气联盟

气候与清洁空气联盟（CCAC）全称为"致力于减少短寿命气候污染物排放的气候与清洁空气联盟"（Climate and Clean Air Coalition on Reducing Short-lived Climate Pollutants）[①]，成立于 2012 年 2 月 16 日，成

[①]　CCAC，About Us，http：//www.ccacoalition.org/en/content/about-us。

员数量已发展到 100 多个，其下设立了 11 个减排 SLCPs 的行动计划。近年来，CCAC 依托坚实的科学基础和科学家团队，建立了围绕 SLCPs 减排的信息交流平台，每年发布大量的技术和政策咨询报告，对推动 SLCPs 的减排做出了巨大的贡献。

《巴黎协定》达成之前，美国在《公约》内的态度始终消极。CCAC 作为一种《公约》外渠道，为奥巴马政府树立其积极的气候变化应对者形象发挥了重要作用。特别是在 2015 年《巴黎协定》出台之前，CCAC 的年度事件直接命名为"通往巴黎之路"，更是借助其人脉和平台在《公约》谈判场内外做了大量的游说工作，为奥巴马政府积累气候变化国际合作领域的政治资本贡献了很大的力量。从其网站上的宣传资料来看，2016 年 CCAC 在《〈蒙特利议定书〉基加利修正案》的谈判中进一步发挥作用。而奥巴马政府方面不仅为 CCAC 注资，还在美国国家环保局专门设立了非二氧化碳类温室气体的统计和决策机构，相关人员与 CCAC 联系紧密。

与 CCAC 平行推进的还有全球甲烷行动计划（Global Methane Initiative，GMI）、清洁炉灶计划（Clean Stove Program）和绿色货运计划（Green Freight Initiative）。这些致力于减少 SLCPs 排放的国际行动计划都受到了美国的大力推动和青睐。2016 年 7 月，美国、加拿大、墨西哥共同宣布[①]，到 2025 年将在 2012 年的基础上减少油气行业的甲烷排放 40% ~ 45%。该三国油气行业甲烷排放占全球油气行业甲烷排放的 1/5，

[①] Thomas Damassa, North American methane target is a global win-win, 2016, http://www.ccacoalition.org/en/blog/north-american-methane-target-global-win-win。

甲烷的短期（20 年尺度）温升潜势是二氧化碳的 80 倍，如该三国甲烷减排目标能够实现，则相当于减少 8 500 万辆机动车上路。减少油气行业散逸的甲烷不仅能够减缓臭氧的形成、减少健康危害，更能为油气行业带来 300 亿美元的额外收入。

此外，美国奥巴马政府还借助中美战略经济合作伙伴关系大搞中美气候变化合作，先后发表了多个《中美气候变化联合声明》，并在 2016 年 G20 杭州峰会上，与中国共同向联合国秘书长递交了两国《巴黎协定》生效的国书。在中美两国的合作中，减少生产和消费领域的 HFCs 排放、减少移动源黑碳从而发展绿色货运等活动占据了很重要的位置。

在《巴黎协定》1.5℃的全球减缓目标情景下，SLCPs 的治理将成为遏制近期全球应对气候变化负面影响、短期温升的重要抓手。在 CCAC 运行中，美国从资金到人力的支持为其顺利开展活动创造了极为有利的条件。CCAC 是美国开展气候外交的重要平台之一，SLCPs 的减排对美国树立其积极应对气候变化的负责仟形象功不可没。

本章参考文献

[1] Adrian Currie. Geoengineering tensions [J] . Futures，2018，102：78-88.

[2] Anita Talberg，Sebastian Thomas，John Wiseman. A scenario process to inform Australian geoengineering policy [J] . Futures，2018，101：67-79.

[3] Burns E T，J A Flegal，D W Keith，et al. What do people think when they think about solar geoengineering ？ A review of empirical social science literature，and prospects for future research [J] . Earth's Future，2016（4）：536–542，doi：10.1002/2016EF000461.

[4] Christine Merk，Gert Pönitzsch，Katrin Rehdanz. Do climate engineering experts display moral-hazard behaviour ？ [J] . Climate Policy，2019，19（2）：231-243，DOI：10.1080/14693062.2018.1494534.

[5] Doughty J. Past forays into SRM field research and implications for future governance. Geoengineering Our Climate Case Study，February 2015：7.

[6] Duncan P，McLaren. Whose climate and whose ethics ？ Conceptions of justice in solar geoengineering modelling [J] . Energy Research & Social Science，2018：44.

[7] Ghosh A. Environmental institutions，international research programs，and lessons for geoengineering research. Working paper of the program on geoengineering our climate，from the council on energy，environment and water，February 2014. Retrieved from the website：https：//www.ceew.in/pdf/ghosh-2014-environmental-institutions-international-research-programmes-and-

lessons-for-ge-research.pdf.

［8］John Halstead. Stratospheric aerosol injection research and existential risk［J］. Futures, 2018, 102: 63-67.

［9］Keith D W, Duren R, MacMartin D. Field experiments on solar geoengineering: report of a workshop exploring a representative research portfolio［J］. Philosophical Transactions of the Royal Society A: Mathematical, Physical and Engineering Sciences, 2014, 372（2031）: 20140175–20140175. doi: 10.1098/rsta.2014.0175 .

［10］National Research Council. Climate intervention: reflecting sunlight to cool earth［M］. Washington: The National Academies Press, 2015.

［11］National Research Council. Climate intervention: carbon dioxide removal and reliable sequestration［M］. Washington: The National Academies Press, 2015.

［12］Parker, A. Governing solar geoengineering research as it leaves the laboratory［J］. Philosophical Transactions of the Royal Society A: Mathematical, Physical and Engineering Sciences, 2014, 372（2031）: 173.

［13］Parson E A, Keith D. End the deadlock on ceonegineering research［J］. Science, 2013, 339（6125）: 1278-1279.

［14］Royal Society. Geoengineering the climate: science, governance and uncertainty［R/OL］. Royal Society, September, 2009, retrieved from: https: //royalsociety.org/~/media/Royal_Society_Content/policy/publications/2009/8693.pdf.

［15］Schaefer S, et al. Field tests of solar climate engineering［J］. Nature Climate Change, 2013, 3（9）: 766.

［16］Schäfer S, Low S. Asilomar moments: formative framings in recombinant DNA and solar climate engineering research［J］. Philosophical Transactions of the

Royal Society A: Mathematical, Physical and Engineering Sciences, 372（2031）: 64. doi: 10.1098/rsta.2014.0064

［17］Sebastian D Eastham, Debra K Weisenstein, David W Keith, et al. Quantifying the impact of sulfate geoengineering on mortality from air quality and UV-B exposure［J］. Atmospheric Environment, 2018, 187: 424-434.

［18］Zhihua Zhang, Andy Jones, M James C Crabbe. Impacts of stratospheric aerosol geoengineering strategy on Caribbean coral reefs［J］. International Journal of Climate Change Strategies and Management, 2017, https: //doi. org/10.1108/IJCCSM-05-2017-0104.

［19］曹德军 . 中国外交转型与全球公共物品供给［J］. 中国发展观察, 2017（5）: 33-35, 37.

［20］陈素权 . 二十国集团在全球治理结构中的角色分析［J］. 东南亚纵横, 2010（10）: 91-95.

［21］陈迎, 辛源 .1.5℃温控目标下地球工程问题剖析和应对政策建议［J］. 气候变化研究进展, 2017, 13（4）: 337-345.

［22］陈迎 . 地球工程的国际争论与治理问题［J］. 国外理论动态, 2016（3）: 57-66.

［23］崔绍忠 . 论二十国集团作为气候外交平台的优势与挑战［J］. 创新, 2011, 5（6）: 16-19, 126.

［24］二十国集团领导人杭州峰会公报 .［J］. 中国经济周刊, 2016（36）: 98-105.

［25］高帆 .APEC 在国际关系中的作用与贡献——基于政治与经济视角［J］. 时代金融, 2018（20）: 25-26, 32.

［26］高行 .TPP 黯然, 中国会 "主导" 亚太区域经济合作吗? ［J］. 中国外资, 2016（23）: 32-33.

［27］宫占奎, 于晓燕 .APEC 演进轨迹与中国的角色定位［J］. 改革, 2014（11）:

5-16.

［28］巩潇泫.G20 在全球气候治理中的表现分析［J］.东岳论丛，2018，39（9）：
149-157.

［29］郭树勇.二十国集团的兴起与国际社会的分野［J］.当代世界与社会主义，
2016（4）：10-16.

［30］贺鉴，王璐.中国参与全球经济治理：从"被治理"、被动参与到积极重塑［J］.
中国海洋大学学报（社会科学版），2018（3）：80-86.

［31］贺文萍."中非命运共同体"与中国特色大国外交［J］.国际展望，2018，10
（4）：1-15，152.

［32］李东燕.G20 与联合国全球议题的积极互动及中国的贡献［J］.当代世界，
2016（10）：26-29.

［33］潘家华."地球工程"作为减缓气候变化手段的几个关键问题［J］.中国
人口·资源与环境，2012，22（5）：22-26.

［34］盛斌，高疆.中国与全球经济治理：从规则接受者到规则参与者［J］.南
开学报（哲学社会科学版），2018（5）：18-27.

［35］苏格.2018：世界变局与中国外交［J］.当代世界，2019（1）：4-9.

［36］孙超.中非合作论坛是南南合作典范——访南非驻华大使多拉娜·姆西曼
［J］.中国发展观察，2018（18）：31-34，39.

［37］孙永平，胡雷.全球气候治理模式的重构与中国行动策略［J］.南京社会科学，
2017（6）：29-37.

［38］外交部.法国外长、中国国务委员兼外长、联合国秘书长气候变化会议新闻
公报（全文）［R/OL］.［2018-12-01］. https：//www.fmprc.gov.cn/web/
wjbzhd/t1618237.shtml.

［39］王磊.中美在非洲的竞争与合作［J］.国际展望，2018，10（4）：16-33，
153.

［40］王艳.中国与亚太经合组织的互动关系研究［D］.南京：南京师范大学，2018.

［41］伍睿 . 探析"一带一路"视域下上海合作组织未来发展路径［J］. 现代交际，
2019（2）：60-61.

［42］习近平 . 弘扬"上海精神"构建命运共同体——在上海合作组织成员国元首理
事会第十八次会议上的讲话［N］. 人民日报，2018-06-11.

［43］辛源 . 地球工程情景下的中国气象灾害风险研究［D］. 北京：中国社会科学
院研究生院，2017.

［44］辛源 . 地球工程的研究进展简介与展望［J］. 气象科技进展，2016，6（4）：
30-36.

［45］张建新，朱汉斌 . 非洲的能源贫困与中非可再生能源合作［J］. 国际关系研究，
2018（6）：43-57，151-152.

［46］张培 . 上海合作组织：中国"一带一路"倡议的关键战略支点［J］. 兵团党校
学报，2018（6）：65-67.

［47］张文锋 . 新时期上海合作组织发展研究［J］. 财经问题研究，2018（12）：
28-34.

［48］张莹，陈迎，潘家华 . 气候工程的经济评估和治理核心问题探讨［J］. 气候变
化研究进展，2016，12（5）：442-449.

［49］张永宏 . 守望相助的中非关系［J］. 人民论坛，2018（26）：142-144.

［50］郑先武 ."亚洲安全观"制度建构与"中国经验"［J］. 当代亚太，2016（2）：
4-27，155-156.

［51］周志伟 . 中拉论坛与中非合作论坛比较研究：基于地区差异性分析［J］. 拉丁
美洲研究，2018，40（3）：31-50，155.

［52］朱世龙 . 二十国集团与世界经济秩序［J］. 世界经济与政治论坛，2011（2）：
42-56.

第 4 章

中美两国的气候变化博弈与合作

2016 年 11 月 4 日《巴黎协定》生效，全球气候治理开启了"自下而上"的新范式。《联合国气候变化框架公约》各缔约方谈判代表及政府高层代表在马拉喀什发表了《马拉喀什行动宣言》，为全球应对气候变化、推动绿色转型、推进可持续发展再次凝聚了强大的政治共识。在过去的 3 年中，中美两国通过气候变化合作，为这些里程碑式的进展做出了决定性的重大贡献。然而，2016 年 11 月 8 日美国总统换届，具有气候怀疑论倾向的总统候选人当选，而且其所代表的党派也向来以否定和怀疑气候变化及其影响而著称。这种变数给全球气候治理带来的不确定性引发了各国政策制定者、气候变化谈判代表和相关领域学者们的关注。未来气候变化议题在中美关系中的地位如何变化？中美气候变化合作积累的成果如何延续？国际气候治理将如何布局？针对这些问题，本章回顾了中美气候变化合作的历史，总结了两国气候变化合作的成果，并对未来中美气候变化合作乃至中美环境外交的趋势进行研判，针对重点议题进行提前设计，以继承和发扬中美气候变化合作的优良传统为基础，为中美两国建立新型大国关系，为全球应对气候变化和提高局地环境治理的协同效应而出谋划策。

4.1 中美环境和气候合作回顾

4.1.1 中美环境合作概况

中美两国在解决环境问题的双边合作中整体上是稳定的，并已提升到战略高度。中美之间的能源和环境合作起步早、领域广、内容丰富，一直是中美双边合作中成果突出的重要领域。早在中美两国建交伊始的1980 年，双方就签署了《中美环保科技合作议定书》，规定在平等、互利和互惠的基础上，在研究空气、水、土壤、海洋环境的污染对人体健康和生态的影响，以及城市环境的改善、大自然的保护等方面进行合作。中美环境合作进程启动后，美国利用中国辽阔的领土及不同类型的自然状况与人居条件提供的宝贵科研场地与技术资料，获得了其在本国无法得到或者要花很大代价才能得到的科学数据；而中方则主要在治理大气、水环境污染以及环境管理方面借鉴了美国的经验。

美国克林顿政府时期，中美环境合作蓬勃开展，保护全球环境不仅是两国首脑互访的重要议题，也是改进中美关系的推动力。1994 年，两国政府推动了煤液化和环境保护方面的技术交流。1997 年 3 月，"中美环境与发展讨论会"（美方称"环境与发展论坛"）召开，双方领导人达成共识，认为环境保护是跨越国界的问题，必须全世界一起抓。同年 10 月，江泽民主席访美期间，双方重申进一步加强环境问题合作的重要性。美国总统克林顿就对华政策发表演说，将环境保护列为对美国来说至关重要的六方面问题之一。中美在环境保护的深层合作方面发表了很多声明，签署了多项环境合作协议，比较重要的有 1997 年签订的《中美能源与环境合作倡议书》和次年达成一致的《中美和平利用核能合作协定》《中美城市空气质量监测项目合作意向书》等。中美民间环保合作也得到了长足发展，如 1991 年北京家电设备研究所、青岛海尔集团和美国马里兰大学联手研制节能、无氟冰箱，并于 1993 年投入生产，由此开启了中国无氟冰箱的时代。

2001 年美国小布什政府上台后，将中美环境保护合作纳入高层战略对话。2006 年 12 月 14—15 日，首次中美战略经济对话在北京举行，中国国务院副总理吴仪和美国财政部部长保尔森分别作为两国元首的特别代表共同主持了此次对话。在第一次中美战略经济对话中就涉及电力行业的节能减排，该项目一直延续至今。在 2007 年 12 月的第三次中美战略经济对话上，两国政府同意在未来十年广泛开展合作，以应对能源和环境问题，推动技术创新和高效、清洁能源及应对气候变化的技术应用，推进自然资源的可持续性。以小布什总统执政阶段的末期为开端，自 2008 年以来，中美环境合作开启了新篇章，达成了多项里程碑式的成果。2008

中美战略经济对话

中美战略经济对话（Strategic and Economic Dialogue）是 2006 年 9 月由中国国家主席胡锦涛和美国总统布什发起设立的，是中美现有 20 多个磋商机制中级别最高的一个。该对话每年两次，轮流在中美举行。中美战略经济对话是世界上最大的发展中国家和最大的发达国家之间在经济领域的战略性对话。

年 6 月，第四次中美战略经济对话期间签署了《中美能源和环境十年合作框架》协议，确定了双方十年合作起步阶段的五大优先合作领域：电力、清洁水、清洁交通、清洁大气、森林与湿地保护，并相应成立了 5 个行动小组。2008 年 12 月，第五次中美战略经济对话设立了能源效率目标（即第六大优先合作领域），签署了《中美能源和环境十年合作框架下的绿色合作伙伴计划框架》[①]。该计划框架鼓励中美两国各级地方政府之间，企业之间，学术研究、管理培训机构之间，以及其他机构之间自愿结成绿色合作伙伴关系，依托有特色、创新型的节能环保具体项目开展技术合作、经验交流及能力建设等形式的合作活动，包括对创新政策和做法的试点示范，以及创新技术的开发、试验及推广。

奥巴马执政期间，美国政府提升了中美环境保护合作战略对话的层次，中美双方扩大了在环境领域的合作。2009 年 7 月底，中美决定签署《中美两国政府关于加强气候变化、能源和环境合作的谅解备忘录》，承诺双方将继续开展中美能源和环境十年合作，并积极发展新的合作领域。双方还举行了十年合作部长级对口磋商，同意保持十年合作框架的完整性、延续性和务实性，稳步推进合作并努力取得积极务实的成果，为推动中美两国双边关系做出贡献。2009 年 11 月，奥巴马总统访华期间，双方正式签署《中美两国政府关于加强气候变化、能源和环境合作的谅解备忘录》，重申将持续推进十年合作，并宣布就十年合作框架下的能效行动计划达成

---

① 国际在线，中美签署《中美能源环境十年合作框架下的绿色合作伙伴计划框架》，2018，http: //gb.cri.cn/18824/2008/12/04/145s2349768.htm。

一致。2011 年 1 月，胡锦涛主席访问美国，双方发表联合声明，强调在建设相互尊重、互利共赢的合作伙伴关系中，两国在气候变化、能源与环境领域合作的重要性。双方认为气候变化和能源安全是当今时代两大重要挑战，同意继续就应对气候变化行动进行密切磋商，为实现两国和世界人民的能源安全而开展协调，加强现有清洁能源合作，确保市场开放，在气候友好型能源领域推动互利投资，鼓励清洁能源，推动先进清洁能源技术开发。双方积极评价了《中美能源和环境十年合作框架》自 2008 年启动以来取得的进展，同意在该框架下进一步加强务实合作，落实水、大气、交通、电力、保护区和湿地、能效等优先领域的行动计划，开展政策对话。中美双方还宣布了两个新的绿色合作伙伴计划，并欢迎两国地方政府、企业、研究机构参与十年合作框架，共同探索中美能源和环境合作的创新模式。

2011 年，中美新能源合作成为两国关系中最大的亮点，两国企业签署了多项合作协议。中美联合声明同样也强调了能源和环境合作与技术研发的重要性。声明中称，"双方积极评价中美清洁能源联合研究中心、可再生能源伙伴关系、《中美能源安全合作联合声明》和中美能源合作项目启动以来两国在清洁能源和能源安全领域的合作所取得的进展。双方重申继续就能源政策进行交流，在石油、天然气（包括页岩气）、民用核能、风能和太阳能、智能电网、先进生物燃料、清洁煤、能效、电动汽车及清洁能源技术标准等领域进行合作。"

可以说，中美能源和环境合作搭建了务实、高效的合作平台，开展了联系密切的合作行动，为推动中美关系的发展做出了重大贡献。

4.1.2 中美气候变化合作历程及其在中美环境外交中的特点

气候变化是全球环境问题，而应对气候变化作为全球公共物品对地球上任何经济体的任何个体和群体都提供保障。在中国与传统环境问题有所区别的是，气候变化问题被定位为发展问题，而且是在发展中发现并需要应对的问题。秉持着"共同但有区别的责任"原则，中国应对气候变化从国际谈判场上经历了先跟随、后被迫发声直至渐渐参与和引领规则制定的过程，这其中离不开中美气候变化合作发挥的关键性作用。中美气候变化合作建立起的合作机制发端和繁荣于美国奥巴马政府执政时期，这一特定的历史阶段为中美关系和全球环境治理的推进做出了重大贡献。

1. 中美元首气候变化联合声明

应对气候变化从 2013 年开始逐渐成为中美双边关系的一大支柱。双方不断拓展对话与合作，全球两个最大的经济体进入携手应对气候变化的新时代。习近平主席与奥巴马总统分别于 2014 年 11 月、2015 年 9 月和 2016 年 3 月先后三次就气候变化合作与行动发表联合声明。中美两国的共同努力为 2015 年 12 月成功达成《巴黎协定》做出了重要贡献，推动了促进世界向低碳、气候适应型未来转型的行动，并成为中美伙伴关系的长久遗产。中美双方认识到应对气候变化的威胁需要持续的、长期的行动，应进一步开展建设性合作以分享经验，通过共同开发和示范技术加速解决方案的提出，促进夯实互信，并为各自的国内行动和目标提供支撑，特别是那些在《巴黎协定》达成之前提交的国家自主贡献涵盖的行动和目标。

2.中美气候变化工作组和《巴黎协定》

2013 年 4 月，美国克里国务卿访华期间成立了中美气候变化工作组（以下简称工作组），为中美增进理解和应对气候变化工作搭建了全面框架。截至 2016 年年底，工作组共发起 9 项具体的行动倡议，涵盖了多个行业和多种温室气体，既立足当前，又着眼长远。这 9 项行动倡议包括载重汽车和其他汽车减排，电力系统，碳捕集、利用与封存，建筑和工业能效，温室气体数据收集和管理，气候变化和森林，气候智慧型 / 低碳城市，工业锅炉效率和燃料转换，绿色港口和船舶。在工作组框架下，中美双方在削减氢氟碳化物(HFCs)方面的行动及定期双边对话都取得了长足进展，形成了自"冷战"以来中美关系最为密切的局面。

在中国国家发展和改革委及美国国务院的协调下，工作组调动两国政府多部门参与，包括中国原环境保护部和美国国家环保局、中国交通运输部和美国交通部、中国工业和信息化部、中国原国家林业局和美国林务局、中国国家能源局和美国能源部，以及美国联邦能源监管委员会。通过各项行动倡议，这些中央和联邦政府参与方与地方政府部门、民间团体、学术界和私营部门开展了广泛而具包容性的合作。同时，工作组也在清洁能源、环境治理等领域对中美清洁能源联合研究中心、《中美能源和环境十年合作框架》等更广泛的双边合作倡议形成了有益补充。[①]

中美两国在工作组的合作和努力下，于 2014 年通过谈判确定了各自

---

① 国家发展和改革委，2016 中美气候变化工作组年度报告，2016，http: //www.tanpaifang.com/zhengcefagui/2016/061553704.html.

INDC 中的减排和达峰目标；继而分别于 2015 年年中向《公约》提交了两国的 NDC，并于 2016 年 9 月 G20 杭州峰会期间，由两国元首共同提交了两国对《巴黎协定》的批约文书。中美两国通过率先承诺减排、共同批约等具体措施，为各缔约方尽早承诺和批约起到了带头作用，也为《巴黎协定》的达约做出了重大贡献。

3. 中美联合削减 HFCs 和《基加利修正案》

中美两国合作治理臭氧层污染早于中美气候变化合作，两国与其他国家一起联合削减臭氧层消耗物质的历史可以追溯到 20 世纪 90 年代初。在《蒙特利尔议定书》框架所建立的机制下，中国成功完成了第一代和第二代臭氧层消耗物质的削减和替代。HFCs 是臭氧层消耗物质的替代物，是环境治理的衍生品，同时也是温室气体，作为全球增温潜势很大的一种纯工业产品，受到《公约》及其《京都议定书》的管控。《公约》缔约方于 2012 年在多哈会议上确定了关于 HFCs 减排的"多哈路线图"，并规定 HFCs 排放的报告和核查相关工作应在《公约》框架下进行。同时，人们意识到要加速减排进程、提高减排力度，HFCs 的减排则要更多地依赖《保护臭氧层维也纳公约》及其《蒙特利尔议定书》的专长和机制。

明确谈判渠道后，中美两国在工作组会议中开始讨论和谈判 HFCs 削减的时间表和路线图。同时，两国《蒙特利尔议定书》谈判代表团在双方的共同努力下，推动了《〈蒙特利尔议定书〉基加利修正案》（以下简称《基加利修正案》）的达约。这份修正案是《蒙特利尔议定书》和《公约》及其《京都议定书》的共同成果。继《巴黎协定》后，《基加利修正案》成为全球控制温室气体排放、应对气候变化的又一里程碑式的重要文件，明确了发达国家和发展中国家不同的 HFCs 限控义务，同时发达国家将为发展中国家履约提供必要的资金支持和技术援助，切实体现了"共同但有区别的责任"原则①。中美两国在这一过程中所做出的妥协和努力功不可没。

中美两国的气候变化合作在推动《巴黎协定》和《基加利修正案》等多边国际环境治理协议的达约过程中发挥了举足轻重的作用，成为中美两国环境外交、大国外交中的一大积极因素，对紧张的领土、人权、贸易和汇率金融等问题的矛盾交锋起到了很好的缓冲和稳定作用。

在美国各届政府执政期间，中美两国在环境科学研究和环境治理领域都保持了较为密切的联系和沟通，无论民主党政府还是共和党政府都对中美环境合作给予了较大的关注。在中美关系中，环境合作始终保持了良好的延续性，受政府更迭的影响不大。

然而气候变化领域的问题则比较微妙，共和党政府整体上对气候变化的科学性、气候变化影响的严重性、采取应对气候变化行动的必要性等问题都或多或少持怀疑和保留态度，这对中美气候变化合作产生了较大的影响。在不同政党执政期间，中美两国的气候变化合作关系发生了较大的变化。在美国奥巴马政府执政期间，中美两国的气候变化合作产生了突飞猛进的突破式进展，这与民主党的执政方针和奥巴马的个人风格有很大关系。在接下来的一届美国政府执政期间，元首级领导人的风格和理念仍会对中美气候变化合作产生较大影响，但环境合作还将得以延续。总的来说，

---

① http://www.ncsc.org.cn/article/xwdt/gnxw/2016/1000001771.shtml.

中美气候变化合作在中美环境外交中波折前行，美国总统更迭对中美环境合作影响较小，但对气候变化合作影响较大。

4.2　美国历届政府的气候政策

4.2.1　美国应对气候变化政策的发展历史

美国自 20 世纪 70 年代就开始了对全球气候变化的研究。"冷战"结束后，从 1989 年的老布什政府到 2008 年的小布什政府，美国政府的气候政策历经了不同的变化[①]。随着科技的不断进步和越来越多的数据支撑，美国执政者对全球气候变化问题的认识程度和处置态度也在逐渐变化。梳理不同时期美国政府的气候政策及其背后的政治、经济、环境博弈，有利于我们研判新一届美国政府的执政策略。

1. 老布什执政期间的气候政策

1990 年 11 月，第二次世界气候大会召开[②]，大会宣言号召所有国家开始制定减排温室气体的目标和项目。同年 12 月，联合国大会正式启动了《联合国气候变化框架公约》的谈判进程。但是美国以科学不确定性和

[①]　高雅，对奥巴马政府气候政策的分析，2016。

[②]　Tom Athanasiou, US Politics and Global Warming Westfield, N J. Open Magazine Pamphlet Series. 1996：163.

减排的成本过高为理由，拒绝承诺限制温室气体排放的量化目标。1991年，在乔治·布什（老布什）执政期间，美国国家科学院发布了全球气候变化研究报告，阐述了他们对全球气候问题的看法。该报告认为[①]，全球的二氧化碳、甲烷和氯氟烃不断聚集可能会引起全球平均气温上升。但是限于当时的气候数据和有限的气候变化计算模型，还不能做出具有说服力的气候变暖预测，也不能预测这种变化的速度。因此，美国国家科学院指出大气中的二氧化碳在增加，但没有证据证明其会带来灾害，全球气候问题存在科学上的不确定性。美国科学界的结论与 IPCC 的全球气候变化第 1 次评估报告基本一致。老布什政府虽然注意到了气候变化问题，但却没有将它作为核心议题加以重视。美国参议院没有经过争论就批准了《公约》，这不得不归结于《公约》的框架性特征，只建立了基本目标、原则、机构和协调国际行动的程序，只规定了关于防止气候变化的最基本的法律原则，但没有涉及缔约方的具体义务。《公约》没有明确规定强制性的国家减排目标和时间表[②]，只是泛泛地要求附件一国家在 20 世纪末尽量将其温室气体排放控制在 1990 年的水平。对美国而言，加入这样一份《公约》不用承担相应的责任，又能占据道义高地，符合美国当时的利益。综上所述，老布什政府对全球气候变化问题持观望态度，并未将气候变化列入美国核心议题。

[①] National Academy of Sciences, National Academy of Engineering, Institute of Medicme, Policy Implications of Greenhouse Warming, 1991.

[②] 《联合国气候变化框架公约》中文本，《联合国气候变化框架公约》官方网站。http://unfccc.int/.

2. 克林顿执政期间的气候政策

1995 年 12 月，IPCC 第 2 次评估报告公布，克林顿政府公开承认了这份科学评估报告。这成为克林顿政府承担解决全球气候问题责任的前提，也促使美国官员接受了制定新的具有约束力的减排承诺以减少全球气候变化威胁的观点。1995—2000 年，克林顿政府参与了《公约》第 2 次至第 6 次缔约方会议的国际谈判，开始改变其在全球气候问题上的无为状态。对于气候变化的科学问题，克林顿政府的基本立场是全球变暖的科学不确定性不应该成为不采取相应行动的借口。在市场机制、发展中国家参与和应削减的温室气体范围的问题上，美国国会和大部分利益集团同意引入市场机制，确保发展中国家有意义地参与减排，规定减排的温室气体应该有 6 种(二氧化碳、甲烷、氧化亚氮、氢氟碳化物、全氟化碳、六氟化硫)。但是在承诺期和温室气体的削减目标问题上，美国内部分歧较大：国会和一些工商业团体反对具有严格约束力的减排目标，因为这会对美国的经济造成损害；一些非政府的环境组织则认为《京都议定书》规定的减排目标还不够严格，要求克林顿政府制定更高的减排目标。因此，克林顿当政时期对气候变化问题表现出积极的姿态，虽未将其变成主流议题，但也引起了决策者们的关注，从而使美国在全球气候变化中的角色发生了转变。

3. 小布什执政期间的气候政策

2000 年 12 月，共和党候选人乔治·沃克·布什（小布什）当选为美国第 43 任总统。作为共和党代表，小布什政府在全球气候问题上的立场与民主党的克林顿政府截然不同。小布什上台后不久就以全球气候问题的科学不确定性为出发点，宣布拒绝接受《公约》下的《京都议定书》，从而改变了克林顿政府时期在全球气候问题上相对积极的立场，给国际气候变化合作带来了负面影响。

2002 年 2 月，小布什提出了处理全球气候变化问题的新倡议，即实施大幅度削减 3 种大气污染物（氧化亚氮、二氧化硫和汞的削减比例达到 70％）的"洁净天空"法规和关于气候变化的绿色新政①，即"全球气候变化计划"，其目标是在 10 年内将美国温室气体排放强度降低 18％。由于这项政策是美国的自愿承诺，并不具有《京都议定书》那样的国际法约束力，因此不能作为《京都议定书》的替代方案，也没有得到其他国家的支持。欧洲、亚洲和南美洲国家表现出了"冷淡"态度，因为它只保护了美国的利益，根本不能替代《京都议定书》。小布什政府期间退出了《京都议定书》，对气候变化问题采取自由放任的态度，其立场是相对消极的。

综上可见，从老布什政府到克林顿政府再到小布什政府，美国在全球气候问题上的立场是不断变化的。总体而言，共和党的老布什政府和小布什政府对全球气候问题的立场是相对保守和消极的，而民主党的克林顿政府对全球气候问题采取了相对积极的立场和态度。美国气候变化政策经历了被忽视、被提及、被关注、被讨论、被重视的渐进式发展过程。

美国这三届政府对全球气候问题的立场与以下因素有关②：一是美国科学界对全球气候问题的研究结论与总统对此问题的看法及其侧重点；二

① 庄贵阳.举步维艰的《京都议定书》［M］.北京：社会科学文献出版社，2003：116.
② 徐立才.论九十年代以来美国政府对全球气候问题的立场［D］.苏州：苏州大学，2009.

是总统对美国国家利益的界定及其实现方式；三是美国国内政治（白宫、国会和利益集团）和国际因素对政府的影响。美国政府的最终决策是综合考虑各种复杂因素、平衡各方利益的结果。

4.2.2 奥巴马政府气候政策的具体内容

1. 奥巴马政府气候政策的背景

随着社会的不断发展和科技的进步，对于美国来说，如今气候变化已经不再是一个遥远的威胁，美国民众已经感受到来自国内乃至世界的影响。美国自 1895 年有气象记录以来，2012 年是最热的一年，美国的 48 个州经历了温度最高的一年[①]。2012 年，美国极端灾害性天气频发，如飓风、干旱、洪水等，剧烈的气候变化现象给美国的经济带来了巨大的损失[②]。正是这一系列不断发生的高频率气候问题，逐步引起了美国民众和美国政府对于气候变化问题的关注。

在 2008 年进行的美国总统大选中，民主党的奥巴马取得最终胜利，成为美国第一位黑人总统。美国国内 2008 年年底次贷危机的影响，不仅抑制了国内经济的发展，而且造成了全球金融危机，导致全球经济发展缓慢。奥巴马在美国正遭受着内忧外患的情况下当选总统，美国民众对其寄予很高期望。奥巴马非常重视气候变化问题，在第一任期内，由于国内经济下行对气候变化问题有所关注，但相对较少；在第二任期内，则高调地

---

① 参见美国国家环保局的网站 http://www2.epa.gov/laws-regulations/policy-guidance。
② 朱松丽，王文涛，高翔，等. 美国应对气候变化政策新动向及其影响 [J]. 全球科技经济瞭望，2013（7）：12.

将应对气候变化问题提到了执政纲领的高度[①]。2009 年奥巴马上台执政后,明确表示接受全球变暖的科学事实,并准备在此基础上实施一系列低碳和环保的"绿色新政"[②]。

如果说老布什政府对待气候问题的态度是消极观望的,克林顿政府的态度是积极主动的,那奥巴马政府对待气候问题的态度则是非常积极主动的。

2. 奥巴马政府气候政策的基本主张

(1)提升气候变化议题的地位

奥巴马在竞选总统期间就公开宣布美国与世界共同面临着应对气候变化的挑战,并表示美国应承担在应对气候变化问题上的领导地位。从竞选的政策主张中可以看出,奥巴马重视环境保护,强调减排温室气体,主张降低石油消耗。他指出,在 2030 年前将能源的效率提高 50%,2050 年实现减排 80%;支持生物燃料的开发与应用[③]。为了贯彻其政策,奥巴马提名了一批能源和环境部门的领导人,这些领导人都是来自环境领域且享有盛名的科学家,都对应对气候变化持积极态度。

刚上任不久,奥巴马就成立了一个机构间气候变化适应特别工作组(以下简称特别工作组),并于 2009 年 10 月签署了一项行政命令,指

---

① 于宏源,李志青.浅析奥巴马政府的气候政策调整及其前景 [J].现代国际关系,2013(11):23-28.

② Stephen Collinson. Obama to World:We will Lead on Climate Change [EB/OL].[2013-08-09]. http://news.Yahoo.com/s/afp/20090126/pl_afp/us politics Obama climate environment.

③ 赵庆寺.美国能源法律政策与能源安全 [M].北京:北京大学出版社,2012:115.

令特别工作组所推荐的方式可以为国家应对气候变化做更好的准备。2010年 5 月，特别工作组举办了第一届国家气候适应峰会，使相关区域的利益相关者和决策者意识到需要协同行动来应对气候变化带来的挑战。2013 年2 月，联邦机构在发布的气候变化适应计划中概述了其任务、程序等内容，如将气候变化和极端天气事件的因素纳入正在开发的沿海高速公路项目的考虑范围中，国土安全部也在评估气候变化对美国边界条件的影响。美国机构间也有合作，通过有针对性的赠款和技术援助来进行社区计划。

2009 年 9 月，奥巴马在哥本哈根气候大会上不但承认了美国之前对气候变化带来的影响和威胁认识不够，而且表示之前并未将气候变化问题置于外交日程的首要位置[①]。2010 年 5 月，奥巴马政府发布了《国家安全战略报告》，指出气候变化是美国基本国家安全问题之一，发展新能源将成为美国领导世界的能力之一[②]。

（2）确定新能源型气候政策，大力发展新能源，提高能源利用效率

奥巴马政府在发展清洁能源方面的举措有对清洁能源加大投资、鼓励技术研发创新、提倡发展可替代能源以减缓气候变化等。奥巴马多次表明，希望可以通过投入资金、扩大可再生能源的商业规模，为美国国内带来 500 万个研究、开发、建筑等领域的新工作岗位。奥巴马政府通过投资可再生能源和清洁能源项目、支持安全可靠的核能利用、改善和推广节能技术、促进燃料转换，推动了清洁的能源资源和新技术的全球扩展。

---

① 巴拉克·奥巴马.奥巴马对新能源未来的另类憧憬［J］.资源与人类环境，2008（12）：35.

② The White House. The National Security Strategy of The United States of America.

奥巴马任职第一周就公布了两项总统行政指令，分别为《2009 年恢复与再投资法》和《美国清洁能源与安全法案 2009》。这两项指令提出需提高燃油使用率，以国家汽车尾气二氧化碳含量标准为基准，允许州政府制定高于此基准的标准。在部署开发清洁能源方面的主要做法是[1]，减少碳污染的发电厂，制定排放限制，以防止发电厂释放尽可能多的碳污染，并采取有效措施使用更清洁的电力来源；在交通运输方面的主要做法是[2]，提高燃油经济性标准，减少温室气体排放，因为温室气体排放的第二大来源就是交通运输行业中的重型汽车。2011 年，奥巴马政府完成了第一次燃油经济性标准模型。这些标准将减少温室气体排放量约 270 万 t，并降低了美国的石油消费量。

奥巴马政府在第二任期内推行了更加有效、务实的"能源型气候政策"，其核心是以改变能源利用方式为中心，向能源创新和能效革命转变[3]。奥巴马政府努力提倡在美国国内改变能源消耗模式，使用清洁能源并加快达成减排目标。2013 年，美国设立了新的能源标准，减少了发电厂的碳排放，对新建和已有的发电厂设立了更高的碳排放标准；促进了新能源的使用和开发，实施了诸如加快发放清洁能源许可证、加大对清洁能源开发的长期投资、执行四年一次的能源评估制度等新措施。奥巴马通过采取具体措施促进美国减排能力的提升，期望加强美国未来在气候变化问题上的国际领导力。

---

[1] 余建军.美国奥巴马政府气候变化政策及对我国的启示 [J].国际观察，2011（6）：74.
[2] 马建英.奥巴马政府的气候政策分析 [J].和平与发展，2009（5）：45.
[3] 于宏源.奥巴马和他的《气候变化行动计划》[J].能源经济，2013（9）：66.

（3）实行以全球减排市场和"辐轴"为核心的"主动气候外交"政策

奥巴马政府在第一任期内气候外交的重点在于以内促外，通过推动国会立法和减排承诺促进美国重拾气候政治的领导地位。基于美国众议院通过的《美国清洁能源与安全法案 2009》，奥巴马在哥本哈根气候大会上提出 2020 年以前美国将以 2005 年的排放量

> **辐轴**
>
> 所谓"辐轴"，是比喻一个具有国际法律约束力的多边核心协议，附以多个自愿性小多边或双边协议的气候治理结构。这是奥巴马政府曾经追求的全球气候治理模式。

为基期减排 17%，并以此在多边外交中推动排放大国共同减排[1]，试图促成《哥本哈根协议》和减排的自愿申报模式。奥巴马政府在第二任期内则希望绕开国会立法困境，推进温室气体减排机制，通过积极的多边和双边外交行动来推动国际社会建立符合美国理念的气候治理机制。在多边层面，美国既提倡自愿减排，也推动有约束力的"富有雄心、包容性和灵活性"的"辐轴"气候体系，其核心是构建一个由所有缔约方参与的、相对恒定的"轴协议"，进而达成一系列具体并可实施的、不一定由所有缔约方参与的、动态的"辐决议"，共同构成一揽子协议体系[2]。

此外，奥巴马执政期间还出台了一系列关于对新能源开发和使用的规定、创造新的就业机会以及对灾后的预防和重建等方面的政策。

---

[1] 《美国清洁能源与安全法案 2009》（*American Clean Energy and Security Act of 2009*），美国众议院提案（H. R. 2454），下载地址：http://energycommerce.house.gov/Press_111/20090701/hr2454_house.pdf。

[2] 李昕蕾.全球气候治理领导权格局的变迁与中国的战略选择 [J].山东大学学报（哲学社会科学版），2017（01）：68-78.

3.奥巴马政府气候政策的主要特点

奥巴马政府执政以来，为适应和减缓气候变化作出了不懈努力。"积极应对"是奥巴马任期内美国气候政策的主旋律。

在美国国内，奥巴马政府将气候变化与能源领域、结构改革统筹推进。其核心思路是将气候变化与经济安全、能源安全统筹起来考虑，强调新能源和低碳经济对美国未来经济竞争力和国际地位的重大影响[①]。奥巴马认为，对气候变化采取坚决果敢的行动是美国未来就业和经济增长的关键。面对全球金融危机，奥巴马政府试图通过增加"绿色岗位"来缓解就业压力，将新能源产业建设成为美国的支柱产业之一。有评论甚至认为，奥巴马政府的能源革命将推动一场新的经济革命，使美国再次占领全球经济的制高点，通过建立清洁能源结构改造美国的生产方式和生活方式，其意义远比信息革命更为重大、更为深远[②]。

在国际领域，奥巴马政府积极参与全球气候变化谈判，重塑领导地位。美国拥有世界上超强的综合国力和领先的环保技术，奥巴马政府充分利用这一优势，在国内大力倡导发展清洁型能源，促使美国的高排放经济向低碳经济转型，促进美国与国际各方的合作，引导全球经济向低碳经济发展，奠定了美国在环境领域主导地位的基础[③]。奥巴马政府努力推行的"绿色新政"一改小布什政府同国际社会对着干的单边主义气候政策，用柔性手

[①] 余建军.美国奥巴马政府气候变化政策及对我国的启示［J］.国际观察，2011（6）：72-77.

[②] 杨元华.奥巴马新能源政策透析［J］.中国远洋航务，2009（5）：19.

[③] 夏正伟，梅溪.试析奥巴马的环境外交［J］.美国外交与中美关系，2011（2）：25.

段应对国际气候变化问题，以共同合作取代单边主义、以行动取代敷衍，重视推行环境外交的开展。其措施对于缓解美国所面临的困境起到了一定的积极作用，加强了美国在国际社会的话语权。奥巴马政府支持以联合国为主导的气候变化治理体系，并努力加强与世界各国的合作，从而抑制了全球变暖，减缓了气候变化的进程。2009 年 7 月 8 日，在意大利拉奎拉举行了为期三天的八国集团（G8）首脑会议，各国就温室气体长期减排目标达成一致。美国在 2009 年参与了联合国召集的第 6 次气候变化会议和当年 12 月的哥本哈根气候大会。

4. 奥巴马政府气候政策取得的效果

作为人均温室气体排放量、累计排放量世界第一的超级大国，美国在政治、经济、军事和文化领域强大的领导力影响着全球格局的走向，其气候政策在全球谈判进程中的重要作用得到越来越多的国家和经济体的关注。日益恶化的自然环境现状、学界的不懈证实和国际社会气候谈判的努力，促使美国国内逐步重视气候问题[1]。然而，美国联邦政府的三权分立制度、政治参与主体多元化等因素，在很大程度上限制了气候变化的立法进程和行政法规的执行效力。这些对气候政策制定的限制因素在奥巴马政府阶段并没有根本性改观，但是奥巴马在执政期间实施的气候政策在一定程度上仍然起到了积极作用。

一是调整了美国能源结构，振兴了经济发展。奥巴马政府将气候政策和能源结构调整统筹推进，从而给处于金融危机背景下的美国提供了一

---

[1] 芮晓慧 . 奥巴马政府气候变化政策研究 [D] . 上海：上海外国语大学，2012：19.

剂"定心丸"，在缓慢稳定经济发展的同时，务实的气候政策还提供了就业岗位，"绿色新政"顺应民意。奥巴马政府为美国经济寻求了新的突破点，在发展清洁能源技术方面进行资金注入，不仅为美国国内创造了 500 万个就业岗位，还加快了新兴环保产业的发展[①]。美国是世界上最大的化石燃料消耗国和最大的油气进口国，发展新能源是保障美国经济发展的重要举措，有利于保证美国的经济安全并减少在进口油气上的巨额支出。奥巴马执政以来，在应对气候变化领域中的能源政策促进了新能源的大发展，其中就包括能效行业，这是复苏美国经济的关键计划，也为美国未来的发展奠定了基石。奥巴马政府还明确提出了以市场为基础的碳排放上限机制，为以更低成本实现温室气体减排、促进低碳技术创新搭建了平台。

二是提升了美国在气候变化问题上的国际形象和全球领导力。奥巴马多次向国际社会传递"行动与合作"的积极信号，指出美国要重返《公约》谈判，积极主动承担减排责任，与世界主要发达国家以及发展中国家一起减少温室气体排放，减缓气候变化的影响，在气候变化问题上试图摆脱以往单边、孤立的做法，在政策目标和行动上向前大步迈进。不过，在否定"共同但有区别的责任"原则、通过气候行动促进美国经济发展以及强化美国气候领域的领导权方面，奥巴马政府秉承了自 20 世纪 90 年代以来美国历届政府的主流立场。在奥巴马执政期间，尤其是第二任期内，美国凭借其排放水平的降低、经济实力的进一步夯实、能源结构的变化以及无与伦比的科技水平和巨大的政治影响力等，先后建立了若干有影响力

[①] 芮晓慧.奥巴马政府气候变化政策研究［D］.上海：上海外国语大学，2012：19.

的新机制，并在一些重要的国际机制中前所未有地引入气候变化议题[1]，如联合其他国家和国际组织共同发起并自主了"气候与清洁空气联盟""全球甲烷行动倡议"等。2015 年 8 月，奥巴马曾表示，"只要我还是总统，美国就要在应对气候变暖领域扮演核心角色"[2]。

4.2.3 奥巴马政府气候政策面临的国内压力和国际形势

1. 美国国会和利益集团的制约及影响

国会作为美国的立法机构，在气候变化议题上扮演着重要角色。离开国会的立法保证，总统在国际气候谈判中做出的承诺等于一纸空文，在美国国内将失去执行的保证和土壤。国会作为党派斗争的场所，民主党和共和党各执一词，坚持已见，使气候问题的解决变得非常艰难。

首先是共和党控制着众议院。共和党代表着传统能源和高消耗产业，因此会一再要求国会应慎重考虑是否要给予新能源技术开发资金支持。国会企图通过资金压力限制行政权力的有效性，从而对温室气体减排进程进行阻挠。因此，预算财政的缩减使奥巴马的"绿色新政"举步维艰。

其次是利益集团和三大产业。以化石燃料行业和高能耗产业为主的美国工业利益集团对气候变化议题是最为关注的，因此他们对联邦政府的减排立法和行政政策的制定表现出高度的担忧。虽然高排放量的化石行业

---

[1] 刘元玲. 美国奥巴马政府气候治理政策的发展与演变 [J]. 当代世界，2015（12）：72-75.

[2] This has to be the year the world agrees on climate change, says Obama in Alaska http://www.theguardian.com/environment/video/2015/sep/01/this-has-to-be-the-year-the-world-agrees-on-climatechange-says-obama-in-alaska-video.

并不排斥减排要求，但却反对因气候问题对其行业发展多加限制；高能耗的制造业不反对能源技术创新和发展可替代性能源，但却强调要确保能源的安全可靠，使之充分满足制造业对电力的高需求。在气候变化问题上，美国国家农业利益集团沿袭其一贯的传统，始终强调气候变化给农业生产带来的直接影响和温室气体减排给农业生产带来的间接影响，试图通过多方游说影响决策者，实现更多的农业补贴。第三产业中的金融和信息技术行业则在气候变化问题中寻求前所未有的新增长点。

2. 国际社会的舆论和博弈

奥巴马政府气候变化政策的国际博弈主要从三个方面展开，即《公约》下召开的国际气候大会、发达国家和发展中国家之间的主要经济体气候与能源论坛（Major Economies Forum on Energy and Climate，MEF）和双边合作机制。

在国际气候大会方面，奥巴马政府的"绿色新政"以高调起步，却逐渐陷入步履维艰的窘境，因为奥巴马政府在国内未通过明确的、专门的气候法案，所以美国在国际气候谈判中对其他经济体加强减排的要求也难以实现。这也成为 2009 年 12 月哥本哈根气候大会未能达成具有法律约束力的全球性减排协议的关键原因之一[①]。在此次会议上，欧盟、以美国为首的"伞形国家"、发展中国家这三大阵营之间以及几大排放国（特别是中美之间）展开了激烈的交锋。美国依旧在减排目标上裹足不前，在对发展中国家援助等问题上也不尽如人意。同时，美国集中火力重点对中国

---

① 李庆四，孙海泳.奥巴马气候新政的双重博弈 [J].新视野，2010（1）：94-96.

施压，并企图改变包含公平性原则的既有的国际应对气候变化合作原则，但因遭到中国和其他发展中国家的反对而未果。在 2010 年的坎昆会议和 2011 年的德班会议上，因各方的立场差距难以弥合，美国没有作出实质性的减排目标承诺。

综上可见，奥巴马政府对于气候变化的政策态度较之前的政府虽有较大转变，并积极推动了全球气候变化议题向前发展，但是依旧没有实质性的发展行动，其气候理念值得肯定，在实施过程中却步履艰难，受到国内、国际社会的双重压力。对中国而言可以有几点启示[①]：一是努力扩大同美国在新能源领域的合作，同时做好应对竞争的准备；二是吸取和借鉴美国在推行新能源政策方面的实践经验，加快中国国内能源结构的转型；三是尽快推动国内气候变化的立法进程。

4.3 特朗普总统治下中美气候博弈

4.3.1 美国近年来的气候和环境问题

奥巴马政府宣讲气候政策的时候，主要强调通过采取应对气候变化新举措能够增进美国的能源安全，或能为美国经济增长提供新的动力[②]。

---

① 余建军. 美国奥巴马政府气候变化政策及对我国的启示 [J]. 国际观察，2011（6）：72-77.
② 元简. 认知因素对美国气候政策的影响 [J]. 国际问题研究，2013，158（6）：65-78.

而在 2013 年的《美国总统气候行动计划》中，除了上述两点，还重点阐述了气候变化本身的严峻形势和采取行动的必要性和紧迫性。IPCC 第 5 次评估报告发布以来，美国的气候和环境问题逐年加剧，已经到了不可忽视的地步。

1. 美国对气候变化问题的认知情况

以往，美国精英阶层对中美关系的把握对美国研判和决策中美关系走向在不同时期会起到不同的作用。当美国决策判断对中美关系的诉求与中国国内政策趋于一致时，中美关系向好；反之，中美关系则举步不前[①]。而当前对于中美关系的认识，美国精英阶层和公众阶层存在分歧。皮尤研究中心（Pew Research Centre）的最新民意调查显示，公众对美国自身实力极有信心，但越来越不看好美国的全球领导力[②]。更重要的是，包括两党和独立派人士在内的公众一致认定美国最主要的威胁分别是"伊斯兰国"、跨国网络攻击、全球经济不稳定、传染性疾病快速扩散，甚至中东难民潮、气候变化威胁在一定条件下都高于中国崛起。可以说，与精英群体的认识不同，美国公众并不认为中国是严重威胁[③]。需要注意的是，美国精英阶层与公众对关键问题认知的分歧导致了 2016 年美国精英阶层对大选结果的普遍误判。

[①] 李海东. 当前美国对华政策的辩论、选择与走势分析[J]. 美国研究，2016(4)：5, 9-36.

[②] Carroll Doherty. Mixed Verdict from Public on America's Gobal Standing. [2016-05-27]. http：//www.pewresearch.org/fact-tank/2016/05/27.

[③] Carroll Doherty. Mixed Verdict from Public on America's Gobal Standing. [2016-05-27]. http：//www.pewresearch.org/fact-tank/2016/05/27.

回到气候变化问题上，绝大部分的美国人在很长一段时期内一直都觉得无论是在时间上还是在距离上，气候变化都是一个属于未来的、与自身关系不大的问题。20 世纪 90 年代末和 21 世纪初有调查显示，美国人对"气候变化是由人类的行为所导致的"这一观点认知度不高，且对"国家应该采取行动应对气候变化"的认可度也不高①。然而随着气候变化的科学认知不断普及，以及全球气候变化导致的极端气候事件，如飓风、洪水等在美国的频频出现，造成了大量的经济社会损失，美国的公众也逐步认识到气候变化影响的严重性。

此外，对于气候是否正在发生重大变化、该变化同人类活动是否有关这些问题，美国国内一直存在认识上的明显分歧。这种分歧有较明显的政治背景：党派取向在很大程度上决定着人们的看法。多数民主党人相信，有关全球气候变暖的论断有充分的科学依据，变暖趋势同人类的二氧化碳排放活动有密切关系。而在保守派阵营，包括共和党国会议员中，许多人表示不相信气候在发生变化。他们称，自由派有意夸大气候问题的严重性，目的是要推进能够扩大政府对经济活动干预程度的气候政策。美国的气候政策，无论是内政还是外交都存在多变性和反复性，随着执政党的更迭，美国的气候政策也在保守和积极两端摇摆，美国的小布什政府就曾经退出《京都议定书》。而奥巴马政府虽然积极参与国际气候治理，并积极推进国内的气候政策，但受制于国会，气候变化立法在美国举步维

---

① 常跟应，黄夫朋，李曼，等.中国公众对全球气候变化认知与支持减缓气候变化政策研究——基于全球调查数据和与美国比较视角[J].地理科学，2012（12）：1481-1487.

艰，气候行动大多以美国国家环保局推行的标准以及总统行政命令的形式开展。府院之争在往届美国政府的气候政策制定和出台过程中起到了很大的制约作用。美国的国家利益往往以安全、威胁的形式出现。气候变化是否对美国的国家安全构成威胁，这个问题在学术界仍存在争论，但在政策研究界已经开始受到重视，现有研究达成的基本共识是气候变化本身不是国家安全的威胁，但它却是"威胁倍增器"[①]。奥巴马政府因此而采取了积极应对气候变化的政策：对外，美国气候政策成为美国国家安全问题的平衡器与稳定器，在美国强势参与其他国际事务的同时，提供了一种积极、和平的元素；对内，由于科学的不确定性和公众对气候变化问题认知水平的差异性，气候政策在不同州的表现存在很大差异，但总体上都围绕着能源结构转型，并以天然气和可再生能源的发展为主。因此，美国的能源禀赋和能源消费模式对其国内气候政策的走向起到决定性作用。

2. 美国的能源结构及能源价格走势

受惠于页岩气革命和可再生能源的技术进步，美国的能源结构发生了变化，这给美国进行气候承诺和温室气体减排带来了内部的可行性。美国多种能源储量均位居全球前列，能源的自给率约90%[②]；能源生产结构以化石能源为主，约占80%；化石能源以天然气为主，约占40%，煤约占30%，石油约占25%，液态天然气约占5%。受到页岩气革命的影响，美国天然气储量、开采量、消费量都稳步增长，石油矿井天然气开采率也

[①] 赵行姝.气候变化与美国国家安全：美国官方的认知及其影响［J］.国际安全研究，2015（5）：107-129，159.

[②] 钟红英.美国能源结构及对外依存度分析［J］.中国物价，2016（4）：50-52.

有所提高,这极大地降低了美国能源系统的碳排放水平。美国的天然气产量在过去的 10 年中始终稳步增长,2016 年稍有回落(图 4-1),整体发展态势良好。同时,天然气的价格逐步下降(图 4-2),2011 年以来天然气平均价格已经降到 3 美元 /MMBtu[①]的水平,天然气在一次能源中保持着强劲的竞争力[②]。与此同时,美国的能源消费结构随着天然气价格的走低也在发生着变化(图 4-3),2015 年,美国天然气消费增长率约 3%,

1997—2015 年

2015—2016 年

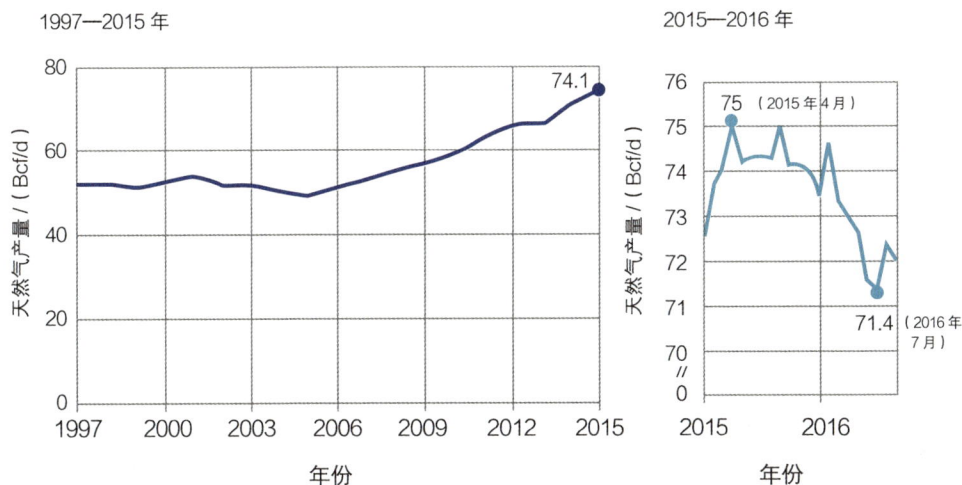

图 4-1　美国天然气产量(1997—2016 年)

资料来源:US EIA. U. S. natural gas production resilient to market changes in 2015, but has fallen in 2016 [EB/OL] . http://www.eia.gov/todayinenergy/detail.php? id=29192#.

注:Bcf 代表 10 亿立方英尺,1 Bcf = 2831.7 m³。

---

① MMBtu 代表百万英热单位,1 MMBtu ≈ 1.055 GJ。

② 金乐琴 . 能源结构转型的目标与路径:美国、德国的比较及启示 [J] . 经济问题探索,2016(2):166-172.

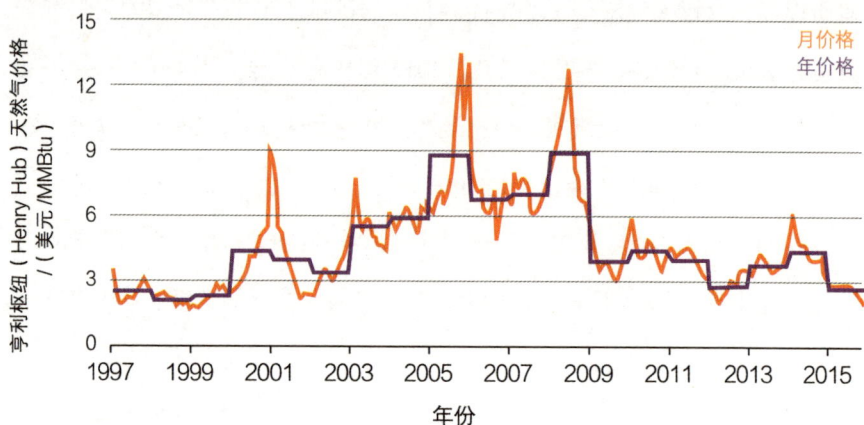

图 4-2　美国天然气价格（1997—2015 年）

资料来源：同图 4-1。

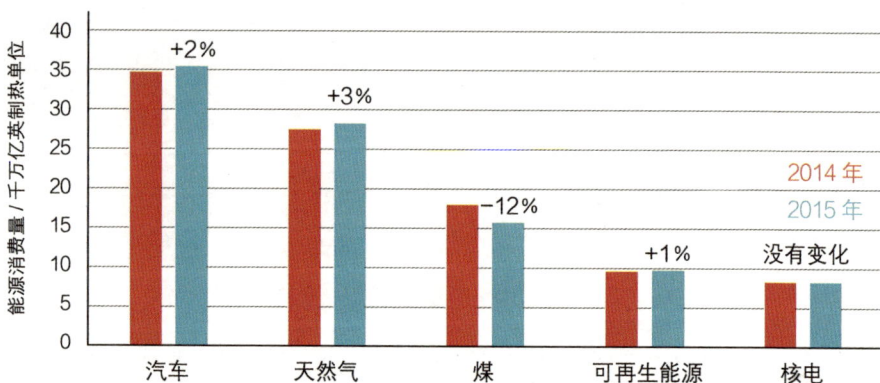

图 4-3　美国一次能源消费结构变化（2014—2015 年）

资料来源：U.S. Energy Information Administration. Changing U.S. energy mix reflects growing use of natural gas，petroleum，and renewables[EB/OL]. Monthly Energy Review，2016. http：//www.eia.gov/todayinenergy/detail.php？id=27172.

超过其他能源消费增长率，占到一次能源消费比重的 29%。此外，美国能源供需基础设施也发生了较大变化，天然气管道的铺设对煤炭行业形成了巨大冲击。这样的能源生产和消费结构为美国减少温室气体排放、增加绿色能源产业的就业和增长能力提供了条件。美国能源结构转型的过程能够很好地与其减少温室气体排放、增加绿色就业、刺激绿色经济增长点、实现经济复苏的目标保持一致。因此，美国现阶段没有必要否定和阻止全球应对气候变化的行动，反而可以充分利用相关领域的领导作用发挥大国领导力。

3. 美国的气候灾害和损害情况

除了能源带来的内部动力，切实的气候变化影响也给美国应对气候变化带来了压力。全球气候变化对美国的影响非常显著。美国自 1895 年至 20 世纪 60 年代的平均温度较为稳定，大约自 1970 年开始，温度升高明显。据预测，假如不采取一定措施以降低温室气体的排放量，美国到 2100 年的平均温度可能会升高 4℃[①]。在过去的 30 多年里，美国冬季温度的上升比任何一个季节都要来得快，中西部和北方大平原地带的冬季平均气温增加了 7 ℉（3 ~ 4℃），有些变化甚至比此前预估的要快得多[②]。美国陆地上年平均暖化强度要比全球平均水平高出 25% ~ 35%，而阿拉斯加地区则高出 70%（IPCC，2007）。气候变化对美国影响的表现不仅仅

[①] 樊万选，郭雪白，刘丹凤. 美国气候变化对环境的影响及应对策略［J］. 林业经济，2015，37（1）：126-128.

[②] 马建英. 美国的气候治理政策及其困境［J］. 美国研究，2013，27（4）：6，72-96.

是平均温度的升高,在过去的几年中,据观察数据显示,全球气候变化对美国的影响还包括海平面上升及其带来的生态损失、极寒极热等极端天气事件频度增加、洪涝干旱灾害的增加等。图 4-4 显示出 20 世纪 80 年代以来美国的降雨频度呈波浪式上升;图 4-5 显示出美国东海岸受海平面上升和极端气候事件影响的土地损失情况。这些观察数据均表明,美国深受气候灾害的影响。这些气候变化带来的影响给美国的农业生产、特定产业部门和基础设施带来了巨大的经济损失,造成了极大的社会问题。

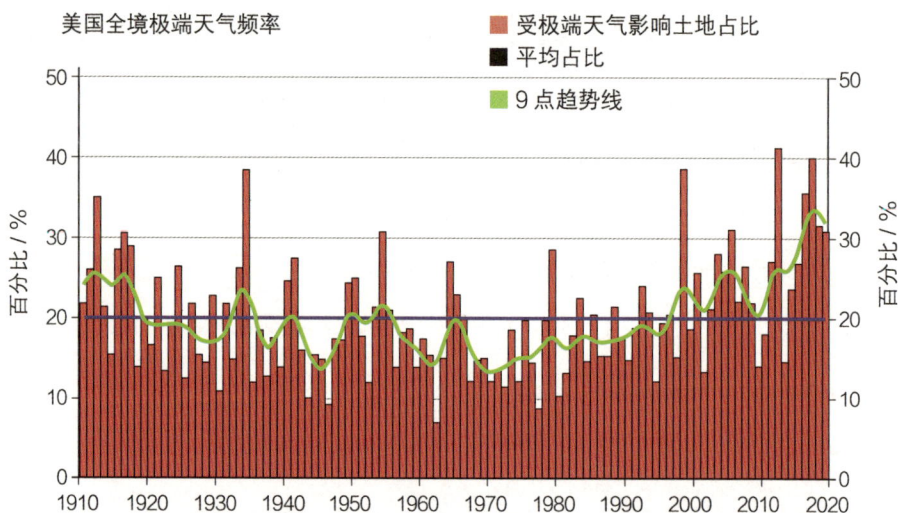

图 4-4　美国强降雨频度变化（1910—2020 年）

资料来源:NOAA （National Oceanic and Atmospheric Administration）. U.S. Climate Extremes Index. 2016. www.ncdc.noaa.gov/extremes/cei.

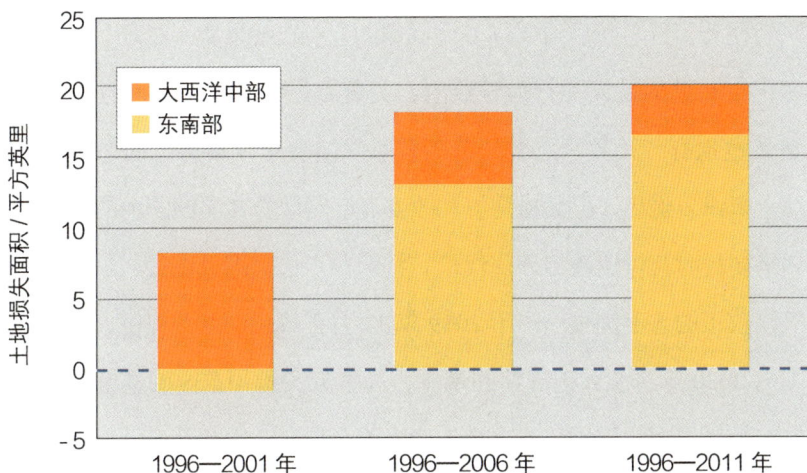

图 4-5　美国东海岸土地损失情况（1996—2011 年）

资 料 来 源：NOAA（National Oceanic and Atmospheric Administration）. Coastal Change Analysis Program. 2013. https：//coast.noaa.gov/dataregistry/search/collection/info/ ccapregional？redirect=301ocm.
注：1 平方英里≈2.59 平方千米。

4. 特朗普总统的气候言论

特朗普在竞选美国总统阶段和过渡政府时期多次在个人媒体（Tweet）、媒体访谈和公众演讲中将气候变化问题笑称为"中国人创造出来的骗局"，并表示如其当选，美国的气候外交政策则倾向于收紧。在特朗普竞选网页的经济政策的第四条能源改革中，明确指出"将废止奥巴马政府的气候变化行动计划"，并"将退出《巴黎协定》，停止对联合国机构关于全球温升控制项目的一切资助"。总结起来就是：不上当！不合作！不行动！不出钱！

特朗普当选总统后对气候变化问题的立场已经发生了松动，认为"气候变化也有可能是人类行为导致的，关键是占比多少"，而且对《巴黎协定》也抱有"开放"态度。特朗普对气候变化政策持负面态度，但从法律上来讲，退出《巴黎协定》和改变奥巴马政府在美国国内的减排目标程序需要耗时且付出政治外交代价。特朗普当选美国总统后，虽然对于国际气候政策的态度消极——于 2019 年 11 月正式启动退约程序，但受到美国国内 2020 年总统大选选情的牵制，为争取关键州选民的选票，特朗普政府在州级层面的气候政策支持力度会逐渐提高。由此看来，美国国内气候政策要保持一定的延续性，中美间的气候和环境合作还有存续和发展的环境和条件。

4.3.2 特朗普时期美国政府的气候政策研判

在能源转型动力和气候灾害压力的共同作用下，美国人民对气候变化的认知将发生根本性的转变，并对特朗普政府形成影响。同时，美国经济危机的影响尚未消弭，经济复苏压力巨大，中产阶级在收入差距拉大的过程中对美国建制派精英政府代表的意识形态产生了严重的质疑和抵触情绪。根据美国《福布斯》杂志 2015 年年底公布的一项研究表明，2015 年美国福布斯富豪榜前 400 名上榜人物所拥有的财富高于美国中下层民众所拥有财富的总和。根据美国经济政策研究所的研究，日益分化的收入差异并非社会分化的全部，美国白人相比非洲裔和拉美裔人口的贫富差异更大。2015 年，美国白人的财富大约是非洲裔的 22 倍、拉美裔的 15 倍。社会阶层的割裂和意识形态的分野促成了特朗普的当选，也将继续影响特朗普政府的气候政策。

从传统来看，共和党对积极的气候政策基本持消极态度，反对"自上而下"、管制型的气候变化政策，共和党国会议员并不支持气候变化的全面立法。特朗普本人在竞选阶段甚至声称气候变化本身是个骗局。他曾经说过，"民主党的气候政策以卑劣的科学、恐吓战术、集中调节为基础。过去 8 年，奥巴马政府发起大量监管，对我们的经济造成严重破坏，带来最低的环境效益。"共和党指责奥巴马政府在气候变化政策推行中忽视代价、夸大好处，并支持美国联邦机构如美国国家环保局等突破宪法界限的做法反而加剧了环境恶化。共和党拟将环境监管的责任从联邦机构转移到各州，将美国国家环保局变成一个独立的两党委员会，严格限制国会对缔造规则性权威的授权。此外，共和党认为 IPCC 是一个政治机制而非公正的科学机构。因此，特朗普表态，"我们将评估其（IPCC）建议，拒绝《京都议定书》与《巴黎协定》的议程；直到将其提交美国参议院并由其批准后才对美国产生约束力。"共和党还要求美国按照 1994 年《对外关系授权法》的规定立即停止对《公约》的资助。

特朗普及其政府对气候变化问题的态度也随着国情和民意发生变化。在特朗普过渡政府期间，从其言论和行动上来看，其对气候变化问题的态度也在发生着悄然改变。他对天然气、非常规油气乃至可再生能源的态度并不是否定的。鉴于其美国利益至上的观念，这些可能带来巨大经济利益和潜在市场的领域没有理由被特朗普放弃。而且基于上述对能源和气候变化给美国带来的影响等方面的分析，在特朗普执政期间未来也有很大的可能性通过利用气候变化问题推动美国国内的经济发展，并依此来为美国创造更有利的国际贸易环境。

气候变化问题虽然不是大国外交关系中最重要的问题，但是在平衡和构建新型大国关系中发挥了重要作用，同时应对气候变化符合科学事实，有利于能源转型，有利于在可持续发展话语下创造绿色就业，提高人类的整体福祉。

总体而言，美国的能源结构和产业结构不会在短时间内发生根本性转变，天然气仍将在美国能源结构中占很大比例，可再生能源和核能的发展也不会一步就位。在气候变化领域，中美之间元首和国家层面也许不会再重复奥巴马时期的推动力度，但是气候变化合作所积累下来的工作机制和工作成果需要以某种形式加以继承和延续。

首先，中美两国建立的州-省际、城市层面、行业层面的气候变化合作还将继续。《公约》的国际进程也赶在 2016 年总统大选结果出炉之前奠定了全球气候治理必要的法律基础。《巴黎协定》在 2016 年 10 月 5 日完成了 55 个缔约方的批约手续，并于 2016 年 11 月 4 日正式生效。从法律文本上来讲，退出《巴黎协定》需要 4 年的时间，退出《公约》需要 1 年的时间。只要美国不退出《公约》，《巴黎协定》和巴黎大会决议成果都能在 4 年内得到保障，国际气候治理的格局也将基本上得以延续。特朗普政府虽然宣布退约，并且已启动正式退约程序，但实际上美国作为《巴黎协定》缔约方的身份并未改变，而且至少将维持现状不变直到 2020 年美国大选前夕。特朗普政府采取的保守气候政策可能会影响目前国际气候资金机制的格局，但不足以撼动全球气候治理趋势。此外，气候变化的合作成果可以打散到能源和环保两个大的话语体系中，并以实际工作层面的对接完成工作的延续。

4.4　新型中美关系背景下的中美气候和环境合作

　　良好的中美关系不仅是中国和平外交的重要组成部分，也是维护区域和平、推动全球可持续发展的重要条件。中美关系终归要好起来才行[①]，没有必要对立和对抗，而要合作和共赢。特朗普总统的当选并不意味着美国的社会经济本底发生骤然改变，美国的能源转型、经济复苏的内生动力仍在，双方应该对此继续保持观察和接触，并不断尝试引导中美关系的良性发展。

　　在中美新型大国关系的解构和重建中，中方作为全球第二大经济体，需要比美国做出更大的妥协和努力，才能在这种"非零和博弈"中把握住发展机遇。为此，中国政府应该继承和发扬奥巴马政府期间中美气候变化合作的亮点，进行战略和策略上的设计和谋划，特别是要借助中美合作的

> **非零和博弈**
>
> 　　"非零和博弈"是一种合作下的博弈，博弈中各方的收益或损失的总和不是零值，与"零和博弈"相区别。"零和博弈"是指参与博弈的各方在严格竞争下，一方的收益必然意味着另一方的损失，博弈各方的收益和损失相加总和永远为"零"，双方不存在合作的可能。

---

① 王缉思.中美关系最终要好起来才行［J］.中国新闻周刊，2017（788）.

契机，加强中美两国在局域环境治理和能够产生气候协同效应领域的环境合作。

4.4.1 化整为零：在环境对话中增加气候变化议题

气候变化和气候变化合作对于特朗普政府和美国共和党而言或许是值得怀疑的，然而环境治理和环境合作却是美国没有理由拒绝的合作领域。适时将中美气候变化合作融入环境合作话语体系将是保留在奥巴马政府期间建立起来的中美气候变化合作平台和沟通渠道的绝佳策略。

中美气候变化合作在 2014—2016 年无疑成为中美关系的积极因素，但是从中国的角度而言，气候问题不仅是环境问题，更是发展问题，这与中国发展中大国的国情相符合。而且，这种定位在过去 20 多年的国际气候变化谈判中发挥了重要的作用，为中国争取了快速发展的黄金期。

然而，随着碳排放量的逐渐增加，中国早在 2010 年就成为全球最大的碳排放国，2016 年人均二氧化碳排放量也超过了欧盟。中国在气候话语条件下的发展中国家地位不断受到质疑，在气候谈判的发展中国家阵营中也多次被迫发声、承担更大的道义和实际义务。

中美作为当今世界最大的发展中国家和最大的发达国家，宜重新考虑气候变化问题在构建大国关系中的重要作用。在环境领域的中美对话和合作中，更多地包容和接纳中美气候变化合作中的项目和行动成果，既能在双方国内统筹多方工作的进展、协同增效，也有利于通过统一的环境外交口径，弱化中美关系中出于意识形态乃至经济利益的纷争。能源和发展的问题是各国自身的问题，而环境治理是具有共性且能达成共赢、突破"零和博弈"的。将气候变化议题化整为零划归环境外交领域进行统筹，也有利于中国建立与美国的一揽子环境合作协议，避免因为美国共和党的气候偏见损失两国多年建立起来的气候合作成果。

4.4.2　避轻就重：保留气候和环境领域的务实合作

中美气候变化合作在《巴黎协定》出台之前已经上升到前所未有的高度。有专家称，通过国际气候谈判和中美气候变化合作，中国在《巴黎协定》达约的过程中无比接近国际治理的中心。中美气候变化合作的历史功绩已载入史册，面对即将到来的《巴黎协定》履约，气候变化议题还能否保持这种优先等级？还能保持多久？面对严峻的领土问题、经贸问题、汇率问题，以及中国经济增速的持续放缓，气候变化议题的重要性也面临着再博弈和再平衡。如果需要，中方应在中美气候变化合作的成果中保留必要的窗口，作为润滑剂也好，作为平衡器也好，为即将到来的中美正面对抗留有余地。其中，局域大气环境和气候变化的协同治理（短寿命气候污染物减排与雾霾的治理等）、碳市场和与此相关的排污权交易市场机制、环境透明度机制的建立和完善值得密切留意。

4.4.3　不卑不亢：发挥中国在全球气候治理中的作用

中国目前受制于社会福利和社会保障问题以及食品安全和环境污染等问题，在可持续发展的道路上进入了平台期和攻坚期，在环境问题解决之前，中国还很难从发展中国家"毕业"。然而，中国的经济总量和人口规模决定了其大国影响力，这与资本和军力导向的传统大国是不同的，但可以在国际事务中发挥同样重要的作用。为此，中国在全球气候治理中的定位问题需要审慎谋划。

秉承"共同但有区别的责任"原则，中国既要从道义的制高点上讲清楚责任和原则的问题，也要在实际行动中展现大国的领导力和魄力。具体而言，在《公约》谈判的框架下，中国要坚持"共同但有区别的责任"原则，采用人均历史累计排放的人际公平指标进行"碳公平"的宣讲，世界应该认清发达国家的历史责任，在资金、技术和能力建设等方面发挥引领作用。同时，为了展现发展中大国的领导力，中国应该积极利用市场手段开展减排行动，但是减排成果需要发达国家赎回。这样来看，"共同但有区别的责任"原则中的"共同"就是全世界共同减排，"区别"就是发达国家要提供支持，而发展中国家接受支持并开展行动。

链接 I：《中美气候变化联合声明》[①]
(2013 年 4 月 13 日)

中华人民共和国和美利坚合众国认识到，对比日益加剧的气候变化危害和全球应对努力的不足，需要一个更具针对性的紧急倡议。过去几年里，双方通过双边和多边渠道，包括在《联合国气候变化框架公约》进程和经济大国论坛下，开展了富有建设性的讨论。双方还认为，关于气候变化强有力的科学共识强烈要求采取对气候变化有全球性影响的重大行动。

中美两国特别注意到，对于人为气候变化及其日益恶化的影响已形成强有力的科学共识，包括过去一百年全球平均温度显著上升、海洋酸化令人担忧、北冰洋海冰迅速消失，以及世界各地极端天气事件频发。双方都认识到，有鉴于气候变化不断加速的最新科学认识和加强全球温室气体减排努力的紧迫需要，中美两国采取强有力的国内适当行动，包括大规模的合作

[①] 引自新华网，2013 年 4 月 13 日，http：//www.gov.cn/jrzg/2013-04/13/content_2377183.htm。

行动，比以往任何时候都至关重要。这些行动对于遏制气候变化和树立可以鼓舞世界的强有力榜样，都是极为重要的。

为了把气候变化挑战提升为更加优先的事项，中美两国将在 2013 年中美战略与经济对话举行之前建立气候变化工作组。根据两国领导人的共同愿景，工作组将立即着手工作，确定双方推进技术、研究、节能以及替代能源和可再生能源等领域合作的方式。双方将通过拟于今年（编辑注：2013 年）夏天召开的中美战略与经济对话加快推进这项工作。工作组将由国家发展和改革委员会副主任解振华和美国气候变化特使斯特恩担任组长。气候变化工作组旨在为中美战略与经济对话做准备，总结梳理气候变化现有合作情况和通过适当的部长级渠道加强合作的潜在机会，并确定促进绿色低碳经济增长具体合作行动的新领域，包括适当运用公共和私营部门合作伙伴关系。气候变化工作组应吸收相关政府部门参加，并于即将召开的中美战略与经济对话会议上向两国元首特别代表报告工作成果。

双方也注意到加强气候变化行动与合作所带来的显著互惠利益，包括能源安全得到加强、环境更加清洁、自然资源更为富足。双方还重申，在多边谈判领域和推进应对气候变化具体行动方面携手努力，能够成为双边关系的一个支柱，增进彼此信任和相互尊重，为更强有力的全面协作铺平道路。两国注意到双方有共同兴趣来开发和应用新的环保和清洁能源技术，以减少温室气体排放，同时促进经济繁荣和创造就业机会。

考虑到已有联合声明、现有相关安排和正在开展的工作，双方同意，非常有必要提升气候变化合作的规模和影响力度，以适应不断增长的解决我们所面临气候挑战的迫切要求。

链接 Ⅱ：《中美气候变化联合声明》[①]
(2014 年 2 月 15 日)

鉴于对于气候变化及其日益恶化的影响已形成强有力的科学共识，以及与之相关的因化石燃料燃烧产生的空气污染问题，中美两国认识到亟须采取行动应对上述双重挑战。双方重申将致力于为 2015 年全球应对这一挑战的成功努力做出重要贡献。为此，中美两国将利用去年（编辑注：2013 年）成立的中美气候变化工作组机制（简称"工作组"），通过强化政策对话，

[①] 引自新华网，2014 年 2 月 15 日，http://www.gov.cn/gzdt/2014-02/15/content_2604423.htm。

包括交流各自 2020 年后控制温室气体排放计划的有关信息，开展合作。关于减少温室气体和其他空气污染物排放的务实合作行动，双方已就工作组下启动的五个合作领域实施计划达成一致，包括载重汽车和其他汽车减排，智能电网，碳捕集、利用和封存，温室气体数据的收集和管理，建筑和工业能效，并承诺投入相当精力和资源以确保在第六轮中美战略与经济对话前取得实质性成果。

链接Ⅲ：《中美气候变化联合声明》[①]
（2014 年 11 月 12 日）

一、中华人民共和国和美利坚合众国在应对全球气候变化这一人类面临的最大威胁上具有重要作用。该挑战的严重性需要中美双方为了共同利益建设性地一起努力。

二、为此，中国国家主席习近平和美国总统巴拉克·奥巴

[①] 引自新华网，2014 年 11 月 12 日，http://news.xinhuanet.com/2014-11/12/c_1113221744.htm。

马重申加强气候变化双边合作的重要性，并将携手与其他国家
一道努力，以便在 2015 年联合国巴黎气候大会上达成在《联合
国气候变化框架公约》下适用于所有缔约方的一项议定书、其
他法律文书或具有法律效力的议定成果。双方致力于达成富有
雄心的 2015 年协议，体现"共同但有区别的责任"和各自能力
原则，考虑到各国不同国情。

三、今天，中美两国元首宣布了两国各自 2020 年后的应
对气候变化行动，认识到这些行动是向低碳经济转型长期努力
的组成部分并考虑到 2℃全球温升目标。美国计划于 2025 年实
现在 2005 年基础上减排 26％～28％的全经济范围减排目标并
将努力减排 28％。中国计划 2030 年左右二氧化碳排放达到峰
值且将努力早日达峰，并计划到 2030 年非化石能源占一次能源
消费比重提高到 20％左右。双方均计划继续努力并随时间而提
高力度。

四、中美两国希望，现在宣布上述目标能够为全球气候谈
判注入动力，并带动其他国家也一道尽快并最好是 2015 年第一
季度提出有力度的行动目标。两国元首决定来年紧密合作，解
决妨碍巴黎会议达成一项成功的全球气候协议的重大问题。

五、全球科学界明确提出，人类活动已在改变世界气候系
统。日益加速的气候变化已经造成严重影响。更高的温度和极

端天气事件正在损害粮食生产，日益升高的海平面和更具破坏性的风暴使我们沿海城市面临的危险加剧，并且气候变化的影响已在对包括中美两国在内的世界经济造成危害。这些情况迫切需要强化行动以应对气候挑战。

六、与此同时，经济证据日益表明现在采取应对气候变化的智慧行动可以推动创新、提高经济增长并带来诸如可持续发展、增强能源安全、改善公共健康和提高生活质量等广泛效益。应对气候变化同时也将增强国家安全和国际安全。

七、技术创新对于降低当前减排技术成本至关重要，这将带动新的零碳和低碳技术的发明和推广，并增强各国减排的能力。中国和美国是世界上两个最大的清洁能源投资国，并已建立了成熟的能源技术合作计划。除其他外，双方还开展了如下工作：

——建立了中美气候变化工作组（气候变化工作组），并在此工作组下启动了关于汽车，智能电网，碳捕集、利用和封存，能效，温室气体数据管理，林业和工业锅炉的行动倡议；

——同意就全球削减氢氟碳化物这种强效温室气体携手合作；

——成立了中美清洁能源研究中心，促进双方在碳捕集和封存技术、建筑能效和清洁汽车方面的合作；

——同意在二十国集团下就低效化石能源补贴进行联合同行审议。

八、双方计划继续加强政策对话和务实合作，包括在先进煤炭技术、核能、页岩气和可再生能源方面的合作，这将有助于两国优化能源结构并减少包括产生自煤炭的排放。为进一步支持落实两国富有雄心的气候目标，双方于今天宣布通过现有途径特别是中美气候变化工作组、中美清洁能源研究中心和中美战略与经济对话加强和扩大两国合作的进一步措施。这些措施包括：

——扩大清洁能源联合研发：继续支持中美清洁能源研究中心，包括继续为建筑能效、清洁汽车和先进煤炭技术三大现有研究领域提供资金支持，并开辟关于能源与水相联系的新研究领域。

——推进碳捕集、利用和封存重大示范：经由中美两国主导的公私联营体在中国建立一个重大碳捕集新项目，以深入研究和监测利用工业排放二氧化碳进行碳封存，并就向深盐水层注入二氧化碳以获得提高淡水采水率的新试验项目进行合作。

——加强关于氢氟碳化物的合作：以习近平主席与奥巴马总统在安纳伯格庄园就氢氟碳化物这种强效温室气体达成的历史性共识为基础，两国将在开始削减具有高全球增温潜势的氢氟碳化物方面加强双边合作，并按照两国元首于 2013 年 9 月 6 日圣彼得堡会晤所达成共识在多边框架下携手合作。

——启动气候智慧型 / 低碳城市倡议：为了解决正在发展的城镇化和日益增大的城市温室气体排放，并认识到地方领导人采取重大气候行动的潜力，中美两国将在气候变化工作组下建立一个关于气候智慧型 / 低碳城市的新倡议。作为第一步，中美两国将召开一次气候智慧型 / 低碳城市峰会，届时两国在此领域领先的城市将分享其最佳实践、设立新的目标并展示城市层面在减少碳排放和构建适应能力方面的领导力。

——推进绿色产品贸易：鼓励在可持续环境产品和清洁能源技术方面的双边贸易，包括由美国能源部部长莫尼兹和商务部部长普里茨克率领以智慧低碳城市和智慧低碳增长技术为主题的贸易代表团于 2015 年 4 月访华。

——实地示范清洁能源：在建筑能效、锅炉效率、太阳能和智能电网方面开展更多试验活动、可行性研究和其他合作项目。

本章参考文献

［1］安东尼·莱斯维茨．气候传播的受众：美国视角下的公众认知与政策选择［J］．
新闻研究导刊，2013，41（11）：15-16.

［2］常跟应，黄夫朋，李曼，等．中国公众对全球气候变化认知与支持减缓气候变
化政策研究——基于全球调查数据和与美国比较视角［J］．地理科学，2012，
32（12）：1481-1487.

［3］常跟应，李国敬，李曼，等．美国公众对全球变暖的认知和对气候政策的支
持［J］．气候变化研究进展，2012，44（4）：297-304.

［4］常跟应．我国公众对全球气候变化认知与支持减缓气候变化政策研究——基于
全球调查数据和与美国比较视角［A］．中国地理学会，河南省科学技术协会．中
国地理学会 2012 年学术年会学术论文摘要集［C］．中国地理学会，河南省科
学技术协会，2012：1.

［5］董勤．美国 2005 年《能源政策法》"气候变化"篇评析——兼论对我国制定《能
源法》的启示［J］．前沿，2011，284（6）：76-79.

［6］杜放，Hongli Hennessey，Daniel Otto．美国解决全球气候变化政策解析⌊J⌋.
深圳职业技术学院学报，2010，35（2）：9-13.

［7］杜莉．美国气候变化政策调整的原因、影响及对策分析［J］．中国软科学，
2014，280（4）：5-13.

［8］范伟，董爱国．美国政府气候政策与中国比较研究［J］．中国城市经济，
2011，138（3）：237，239.

［9］富育红．美国的气候变化政策与新能源保护主义［J］．复旦国际关系评论，

2014（2）：211-232.

［10］黄永富.美国气候变化政策矛盾多变的国内根源［J］.中国发展观察，2016，141（9）：55-57.

［11］孔亮.美国气候变化政策转变的国际制度根源［J］.产业与科技论坛，2010，9（11）：69-71.

［12］李波.美国气候政策的演变与特征［D］.青岛：青岛大学，2012.

［13］李海东.从边缘到中心：美国气候变化政策的演变［J］.美国研究，2009（2）：20-35，3.

［14］李钊.气候变化：骗局还是威胁？［N］.科技日报，2016-11-09（3）.

［15］刘丽，袁玲丽.从批评语篇分析视角解读美国对中国气候政策的新闻报道——以 New York Times 网站 2015 年 9 月 25 日对华气候政策的报道为例［J］.海外英语，2016，328（12）：4-6.

［16］刘卿.论利益集团对美国气候政策制定的影响［J］.国际问题研究，2010，137（3）：58-64.

［17］陆振华.巴黎气候大会临近：美国会共和党阻击奥巴马气候政策［N］.21世纪经济报道，2015-11-26（8）.

［18］马建英.美国的气候治理政策及其困境［J］.美国研究，2013，108（4）：72-96，6.

［19］马毓晨.美国《国家环境政策法》及其在气候诉讼中的适用——兼评"地球之友"等原告起诉美国进出口银行及海外私人投资公司案［J］.人民法治，2016（9）：56-59.

［20］戚凯.美国气候政策变化分析——基于政党竞争的视角［J］.美国问题研究，2012，14（1）：137-154，187-188，190.

［21］宋军君.试析后冷战时期美国气候外交政策走向［D］.沈阳：辽宁大学，2012.

［22］檀跃宇.美国气候政策的国内根源论析［J］.南京政治学院学报，2015，

184（6）：52-60，152.

［23］王淳.新安全视角下美国政府的气候政策［J］.东北亚论坛，2010，92（6）：
67-75.

［24］王慧，张宁宁.美国环保署气候变化政策研究［J］.云南大学学报（法学版），
2016，146（3）：92-97.

［25］王士红，孔繁斌.美国气候公共政策审计的范式演变及其启示［J］.江海
学刊，2015（6）：222-226.

［26］王书明，刘炜宝.国际环境标准影响国内政策路径探析——以美国、德国和英
国气候政策变化为例［A］.中国社会学会海洋社会学专业委员会（筹）、中
国海洋大学法政学院.2012年中国社会学年会暨第三届中国海洋社会学论坛：
海洋社会学与海洋管理论文集［C］.中国社会学会海洋社会学专业委员会
（筹）、中国海洋大学法政学院，2012：12.

［27］王维，周睿.美国气候政策的演进及其析因［J］.国际观察，2010，107（5）：
73-79.

［28］魏蜜蜜.后京都时代美国气候政策的调整［D］.北京：中共中央党校，
2010.

［29］温刚，傅平.美国气候政策形势及其影响（上）［N］.中国财经报，2013-
04-13（2）.

［30］温刚，傅平.美国气候政策形势及其影响（下）［N］.中国财经报，2013-
04-23（2）.

［31］温刚，傅平.美国气候政策形势及其影响（中）［N］.中国财经报，2013-
04-16（2）.

［32］吴灿.气候"门外汉"接任美国总统气候及能源政策高级顾问［J］.气象科技
进展，2015，5（2）：72.

［33］谢来辉.气候怀疑论、民主与美国气候政策的阻滞［J］.马克思主义与现实，
2013，127（6）：132-140.

［34］邢彩丽.对气候政治中国家利益的阶层属性的马克思主义解读［D］.杭州：浙江理工大学，2013.

［35］于宏源."气候行动之年"和美国气候变化政策发展［J］.当代世界，2014，394（9）：28-31.

［36］于卿婵，陈曦华.美国"能源与气候政策"考察之行［J］.绿叶，2012，171（9）：82-86.

［37］于智勇.美国与欧盟气候政策比较研究［D］.厦门：厦门大学，2014.

［38］余建军.美国奥巴马政府气候变化政策及对我国的启示［J］.国际观察，2011，114（6）：72-77.

［39］元简.美国气候政策制定：市场与政府之间的选择？（英文）［J］.China International Studies，2015，55（6）：91-115.

［40］元简.美国气候政策制定：市场与政府之间的选择？［J］.国际问题研究，2015，170（6）：104-121，140.

［41］元简.认知因素对美国气候政策的影响［J］.国际问题研究，2013，158（6）：65-78.

［42］元简.页岩气革命给美国气候政策带来的挑战［J］.国际问题研究，2012，152（6）：39-49.

［43］张莉.从美国气候变化政策的既往特征预判其未来走向［J］.和平与发展，2011，119（1）：21-28，67.

［44］张莉.美国气候变化政策演变特征和奥巴马政府气候变化政策走向［J］.国际展望，2011，10（1）：75-94，129.

［45］周紫君.美国运输部关于适应气候变化的政策声明［J］.交通世界（运输.车辆），2012，266（4）：123.

［46］朱松丽，王文涛，高翔，等.美国应对气候变化政策新动向及其影响［J］.全球科技经济瞭望，2013，331（7）：12-17.

第
5
章

主要经济体对外气候援助的现状及启示

5.1 气候援助与国际气候变化合作

随着中国的和平崛起，世界各国对中国在国际事务中所起到的作用抱有更高的期望，中国自身也更为主动地承担发展中大国的领导作用。在气候变化领域，中国始终与发展中国家集团一道，坚守气候伦理和气候正义，始终为世界的和平发展、规避不可承受的气候风险而努力。未来，中国还可以通过"一带一路"等国家倡议，以南南合作的方式在气候领域发挥更大的作用。为此，研究主要经济体对外气候援助的动力机制，能够为中国更好地开展气候领域的南南合作提供可借鉴的经验和教训，服务于中国整体气候外交政策，提高中国南南合作的效率和影响力。

世界上主要经济体的对外援助历史久远，主要以发达国家为主，部分发展中大国也参与其中。传统的对外援助多以发展援助为主，关注贫困和经济发展权的问题。有研究显示，最不发达国家（Least Developed Countries，LDC）的经济脆弱性指标（Economic Vulnerability Index，EVI）越高，所接受的双边发展援助越多；而非 LDC 国家接受的援助与 EVI 的相关度不高；EVI 与一国接受援助的相关性还受到该国贸易开放性和金融开放性的正向影响，但不同时受两者的影响[1]。

---

[1] Sèna Kimm Gnangnon. Structural economic vulnerability，openness and bilateral development aid flows［J］. Economic Analysis and Policy，2017（53）：77-95. https：//doi.org/10.1016/j.eap.2016.12.001.（http：//www.sciencedirect.com/science/article/pii/S0313592616300364）

当然，传统的对外援助在发展援助的包装下也存在着背后的动因。随着各国的经济发展和全球化发展，对外援助的根本动因已经从对受援国进行政治、军事影响过渡到获取经济利益和占领市场。技术和产品输出、拉动国内经济、技术锁定等几个方面的因素使发达国家在对外援助中更加注重技术援助。基于经济利益的对外援助能够满足一国对外援助的成本远小于其收益的要求，如德国在双边援助中大量的技术输出可以直接获利，其对臭氧层保护的投入在《基加利修正案》框架下的直接收益就已经超过了直接投入，更不用提间接收益、市场份额的占领和技术锁定等带来的更大收益和回报。

全球气候变化带来的风险逐年显著，全球气候治理模式发生着重大转变。随着《公约》谈判的推进，《巴黎协定》的签署、生效，"自下而上"的治理机制逐渐成为主流。各国政府和公众对气候变化相关问题投入了更大的关注。在对外援助领域，气候变化议题和气候援助也逐渐提高了显示度，成为决策者和学者关注的话题。

世界卫生组织估计2030—2050年全球因气候变化新增的死亡人口约25万人，由此带来的溢出效应将波及国际和地区安全[1]。世界经济论坛考虑到气候变化带来的健康影响和发展中国家的稳定性问题，将气候变化识别为影响全球稳定的最大威胁[2]。研究显示，气候变化与健康，以及外

---

[1] World Health Organization. Climate change and health［EB/OL］.［2016-08-29］. http：//www.who.int/mediacentre/factsheets/fs266/en.

[2] World Economic Forum. The global risks report 2016 11th Edition［EB/OL］.［2016-09-01］. http：//www3.weforum.org/docs/GRR/WEF_GRR16.pdf.

推到政治、安全和社会发展之间的复杂关系构成了气候 - 健康 - 安全的关联安全问题[①]。对气候脆弱国家增加健康系统的投资和援助是具有长久眼光且能获得多重收益的举措。各国逐渐注意到这种关联安全的重要性，因而气候援助逐渐在主要经济体对外援助话语体系中成为重要的组成元素。

　　主要经济体的气候援助多从属或借助其原有的对外援助体系得以完成。美国通过其法律体系和机构体系建立了完整、连续且兼具时效性的对外援助系统，其气候变化领域的对外援助则依托"全球气候变化倡议"等总统行政命令和倡议，借助美国国际开发署等机构，完成对外拨款和项目援助[②]。德国通过经济合作与发展部、德国复兴信贷银行、德国国际合作机构等，以项目或非项目的形式完成对外清洁能源基础设施建设的援助[③]。

　　这些国家在进行气候援助的过程中注重提升本国软实力，通过官方、民间和对个人的多维度援助，培养援助国对本国的向好人群，培育援助国对本国产品和服务的未来市场，极大地提升了援助国对本国整体形象的好感。例如，德国和日本在融资和援助项目执行过程中注重商业金融和公共

[①] Vin Gupta，Alexandre Mason-Sharma，Stephanie N Caty，Vanessa Kerry. Adapting global health aid in the face of climate change［J］. The Lancet Global Health，2017，2（5）：133-134. https：//doi.org/10.1016/S2214-109X（17）30002-5.（http：//www.sciencedirect.com/science/article/pii/S2214109X17300025）

[②] 孙明霞. 美国对外援助机制及其对中国的启示［J］. 国际展望，2015（4）：136-156，162.

[③] 陈盈，刘源源，王枫. 智力输出与经济"走出去"德国国际合作机构的经验及启示［J］. 清华金融评论，2015（10）：101-105.

资金的结合，机动灵活地调整执行机构，通过多元融资降低资金成本等方式在融得更多资金的同时也推进了项目的落实[1]。

应对气候变化和经济增长之间存在协同性。有研究显示，全球温升和气候政策能够带来经济增长效应。该研究检验了资本生产力与由污染引致的资本贬值之间的关系，具体而言，储蓄和减排政策能够带来经济增长，气候政策的长期影响对于有关政策的设计和政治接受度而言至关重要[2]。此外，出资国公众的环境偏好和政府的意识形态偏好也影响着对外援助的气候标签体系。有研究对 OECD 国家的气候援助项目进行了词频相关度分析，结果表明，援助项目中的气候变化相关度与项目报告中的气候标签存在一定差异，也就是说援助项目中实际的气候变化相关度也许并没有项目报告中声称的那么高，之所以会产生这样的偏差，很可能受到政治因素的影响[3]。当然，这种环境偏好也会发生变化，如随着美国政府的政党更迭，气候政策的政治接受度会发生改变，但气候政策的长期影响不容忽视。

中国正处在一个巨大的转型期，需要系统地梳理和回顾主要经济体对外援助的经验，并制订未来的对外援助计划。环境和气候援助目前在发

---

[1] 许豫东，吴迪，甄选. 日德对外援助资金与社会资金相结合的经验及启示 [J]. 国际经济合作，2016（8）：45-48.

[2] Lucas Bretschger. Climate policy and economic growth [J]. Resource and Energy Economics，2017（49）：1-15. https：//doi.org/10.1016/j.reseneeco.2017.03.002.

[3] Axel Michaelowa，Katharina Michaelowa. Coding Error or Statistical Embellishment？The Political Economy of Reporting Climate Aid [J]. World Development，2011，39（11）：2010-2020. https：//doi.org/10.1016/j.worlddev.2011.07.020.（http：//www.sciencedirect.com/science/article/pii/S0305750X11001951）

展中国家还很少，中国有必要对主要发达国家和发展中国家的对外援助机制进行剖析和总结，以此来制定相关战略方针和政策措施。本章致力于总结主要发达经济体和典型发展中大国进行气候援助的机构建立机制和决策过程，以探讨中国进行气候领域南南合作的策略。

此外，由于各国的援助政策所产生的影响和效果不尽一致，中国在设计环境和气候援助战略时，还应考虑如何立意、如何包装的问题。具体而言，就是要考虑中国对外援助的根本出发点是要产生国际政治影响、建立国际军事联盟、占领更大的市场以获取经济利益，还是要保护全球环境、应对气候变化？这些根本的政策目标要兼顾大国的形象与民族的利益。进而还应考虑，对援助对象所产生的影响也不是铁板一块，是要影响各国政府、施惠各国人民，还是要帮助各国建立应对气候变化和保护环境的机构、培养人员能力？针对不同的影响群体，需要采取不同的援助策略。

本章主要关注主要经济体的气候援助机制，涉及的主要经济体包括美国、德国、日本等发达国家，以及巴西、南非等部分发展中大国；涉及的气候援助以双边气候援助为主，多边气候援助为辅；所关注的援助机制指主要经济体进行气候援助的法律和机构安排以及演变过程，包括如何发起、参与、维护，以及背后的机构、人员安排和这些活动的影响。在研究方法上，首先，通过案例描述、统计分析、绘制组织结构图等对主要经济体气候援助的方法、途径、机构和人员安排、资金投入等方面进行研究，挖掘其背后的原因，并最终总结其特征和所发挥的作用，具体包括各国的法律体系和机构体系，气候援助的传动机制、形式和目标人群、影响和效果，以及外交政策和援助机制的匹配性等。其次，针对以上研究内容的结论，结合中国目前南南合作的实际情况，以及经济、社会、环境发展的新常态和生态文明建设的新需求，提出下一步优化气候变化领域南南合作的工作策略和对策建议。

主要经济体的对外援助活动包括项目方案、现金转移、货物运送、培训课程、研究项目、债务减免行动和对非政府组织的捐款等。不同国家采取的对外援助方式各有不同，可简单分为资金援助与技术援助。资金援助包含优惠贷款、赠款等：优惠贷款是指适用低息、免息等优惠政策的贷款，统计上只有一年以上的贷款才包括在 OECD 发展援助委员会（Development Assistance Committee，DAC）的统计数字中[1]；赠款是指不需要偿还的现金、货物或服务转移，受援国可以自援助国无偿取得物资外汇，不需偿还本金或支付利息[2]；具体方式还包括预算拨付、主题捐款、奖学金和学费、减免债务等。技术援助则通常依托于项目进行，但相关项目可以是与受援国合资进行的。

环境援助和气候援助是指发展援助中那些致力于为环境保护和应对气候变化目标服务的援助类型，可以从受援国经济与社会结构中接受捐助的具体领域来辨别，气候援助从属于环境援助。在各国对外援助数据库中，通常会将环境目标作为一项援助类型。

DAC 通过使用"政策标记"（Policy Marking）报告系统（CRS）

---

[1] OECD 官网 http：//www.oecd.org/dac/。
[2] 陈婕.对外援助政策的国际比较［D］.厦门：厦门大学，2008.

对环境目标的外部发展融资进行监测，要求援助国为其向 OECD 报告的每个开发合作活动标记是否针对环境目标。本章采用的定义方式即参照 DAC 对官方发展援助的规定。

在 DAC 报告系统中，环境援助对应于官方开发援助（Official Development Assistance，ODA）[①]中的一般环境保护类型，是指涵盖有关保护或改善物理环境的援助活动，其下又包含 7 项子类型，包括环境政策与环境保护行政管理（指环境政策、环境保护法律法规和经济手段，环境保护行政机构的运行和政策的实践，环境和土地利用规划及其决策程序，环境保护类的研讨会、会议，下文没有明确规定的环境保护措施）、生物圈保护（空气污染控制、臭氧层保护，海洋污染控制）、生物多样性保护（含自然保护区在内的周边地区的行动，保护濒危或脆弱物种及其栖息地的其他措施，如湿地保护）、防洪（防止来自河流或大海的洪水，包括与海水入侵控制和海平面上升相关的活动）、环境教育、环境培训、环境研究（包括建立数据库、自然资源的清单 / 账目，非具体类型的环境概况和影响研究）。尽管在 DAC 报告系统中，气候援助并非环境援助的一个子类型，但可以根据"里约标记"（Rio Markers）进行辨别。

本章参照"里约标记"区分气候援助中的减缓与适应类别，并将"首要"目标和"重要"目标这两类视为此类别。其中，气候减缓类型援助的定义为通过努力减少或限制温室气体排放，或加强温室气体吸收，有助于将大

[①] 政府开发援助又称官方发展援助，是 OECD 下属的开发援助委员会规定的对发展中国家提供的赠与比率不低于 25% 的政府经济援助行为，其主要形式有无偿资金援助、有偿资金援助和技术援助等。

气中温室气体的浓度稳定在不对气候系统造成人为危害的水平。相关项目致力于：①通过限制温室气体（包括《蒙特利尔议定书》中规定的气体）的人为排放来减缓气候变化；②保护和/或加强温室气体的汇；③通过制度建设、能力建设、加强监管、政策框架或研究，将气候变化问题纳入受援国的发展目标；④帮助发展中国家履行《公约》规定的义务。气候适应类型援助的定义为旨在

> **里约标记**
>
> 《里约公约》于 1992 年通过涉及气候变化、生物多样性和荒漠化的 3 项环境公约。根据《里约公约》，"里约标记"系统得以建立，共有 5 项统计政策标记，用于监测 DAC 内部的对外发展资金。这 5 项标记包括："环境"标志（1992 年引入）；4 个"里约标记"，涵盖生物多样性（1998 年引入）、气候变化适应（2010 年引入）、气候变化减缓（1998 年引入）、荒漠化（1998 年引入）。对于每一项标记，可以使用 3 项价值评估制度（从轻到重分别以"非"目标、"重要"目标或"首要"目标为指标）评价每一项标记的实现情况[1]。

通过提高适应或抵御气候变化压力、冲击和变化的能力，或通过帮助减少暴露程度，减少气候变化对人类或自然系统当前和预期的影响，维持或增加恢复力。它包括从信息和知识生成到能力开发，规划和实施气候变化适应行动的一系列活动。适应项目通常有以下特征：①气候变化适应目标在活动文件中明确指出；②活动包含针对上述定义的具体措施。

---

[1] DCD/DAC（2016）3/ADD2/FINAL. Annex 18. Rio markers. http：//www.oecd.org/dac/stats/climate-change.htm.

5.2 主要发达经济体对外气候援助

5.2.1 美国对外气候援助

美国是最早实现对外援助机制化和法制化的国家之一，其对外援助机制主要由以《对外援助法》为主导的对外援助法律体系和以美国国际开发署（United States Agency for International Development，USAID）为核心的对外援助执行体系构成。在立法引领的前提下，美国在国际环境与发展事务中投入了相当多的对外援助资金。

1. 美国对外气候援助的现状

美国是国际气候双边、多边援助的最大出资方。2009年哥本哈根气候大会上，美国政府承诺2010—2012年提供75亿美元的"快速启动资金"来帮助最贫穷和最易受气候变化影响的国家抗击气候变化。

图5-1展示了美国对外援助的整体资金情况。2011—2015年，美国每年对外援助资金量超过300亿美元，其中环境援助在对外援助中的占比不高，但2015年这一比例从2011年的1.5%逐步上升到2%左右。值得关注的是，气候援助占ODA的比例从2011年的0.25%左右上升到了2015年的0.5%，增速超过环境援助。特别是在美国整体对外援助总额基本持平的情况下，环境和气候援助的重要性尤为凸显。

图 5-1　2011—2015 年美国对外援助总额及其环境、
气候援助占 ODA 总额的比重（美元现价）

数据来源：OECD-DAC 数据库，2017。

图 5-2 进一步展示了美国对外气候援助占对外环境援助的比重，结果显示，2011—2015 年美国对外气候援助占对外环境援助的比重翻了一番，从 15% 左右上升到 30% 左右。

进一步细看美国对外气候援助数据可以发现（图 5-3），从项目金额来看，对适应项目的援助金额更多，对减缓项目的援助金额次之，总的趋势是向着减缓和适应平衡的方向调整；从项目数量来看，2013 年以前的气候援助以适应项目为主，但在 2013 年以后调整为一种减缓和适应趋于平衡的关系。

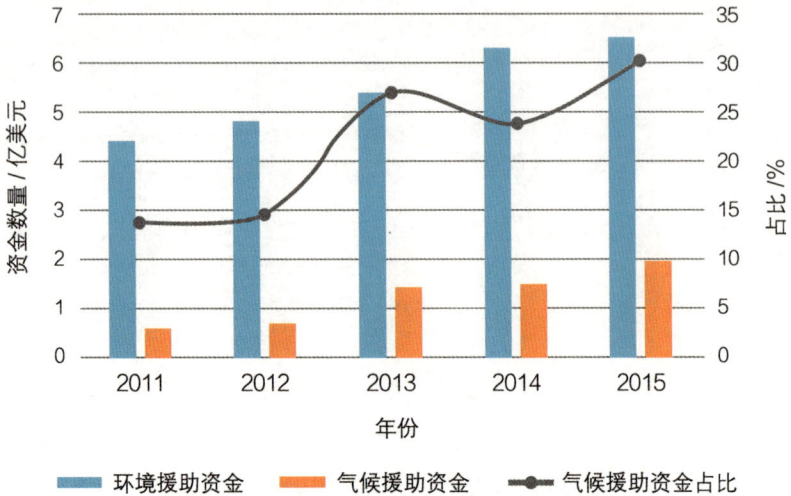

环境援助资金 ■ 气候援助资金 —●— 气候援助资金占比

图 5-2 2011—2015 年美国对外环境、气候援助金额及
气候援助占环境援助的比重（美元现价）

数据来源：OECD-DAC 数据库，2017。

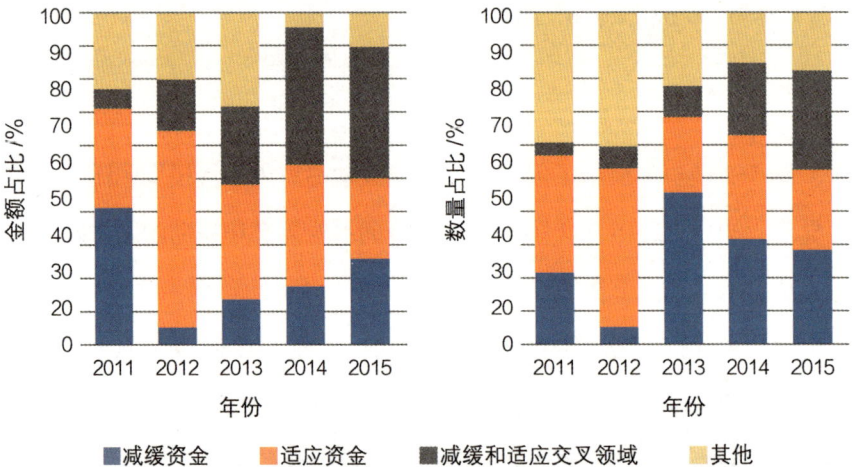

■减缓资金 ■适应资金 ■减缓和适应交叉领域 ■其他

图 5-3 2011—2015 年美国气候援助中各项目金额
（美元现价）（左）及数量（右）占比

数据来源：OECD-DAC 数据库，2017。

2. 美国对外援助的法律体系

美国对外援助的法律体系在《对外援助法》的统领下还包括两大分支：一是美国国会根据不同发展援助议题通过的不同对外援助法案；二是总统签署的行政命令及行动倡议。后者在奥巴马政府期间对气候援助起到了非常关键的作用。

1961 年美国国会通过的《对外援助法》是美国第一部对外援助基本法。之所以将其称为对外援助基本法，是因为这部法案具有以下三个特点。第一，原则性。该法案对对外援助的定义、宗旨与目的、途径、物资和服务采购、援助限制等做了原则性的规定。第二，全面性。《对外援助法》分为三个部分：第一部分对发展援助做了规定；第二部分对军事援助做了规定；第三部分是对发展援助和军事援助在执行、管理、协调方面的安排和具体规定。该法案将美国绝大多数对外援助的项目包含在内，因此具有全面性。第三，时效性。该法案在 1961 年通过后，虽然历经修改，但仍是指导美国对外援助项目执行的最基本的法律。最新版本的《对外援助法》由最初的 49 页增加至 417 页，有 108 个目标和优先事务，涉及 37 个政府部门、60 个办公室[①]。

在《对外援助法》这一基本法之外，美国国会在不同时期会依据具体外交政策目标提出对外援助需求，通过相关的对外援助授权法案指导对外援助项目的设计和执行。这些法案一部分是针对特定区域、特定时间、

[①] 孙明霞. 美国对外援助机制及其对中国的启示 [J]. 国际展望，2015（4）：136-156，162.

特定国家或特定问题的对外援助实施而通过的专项授权法案，另一部分是对外关系相关立法中涉及对外援助的条款或规定①。

　　除国会通过的相关对外援助法案之外，历届美国总统还通过签署行政命令来实现对外援助政策制定和执行的指导，其依据是宪法第二条第三款——"他（总统）应负责使法律得到切实执行"。美国国会在制定法律时，有时为了寻求两党的一致，在某些环节上会含糊其词，从而导致法律在执行过程中可能出现一些意想不到的问题，而重新修订法律需要很长时间，此时总统发布行政命令就是"使法律得到切实执行"的一个重要手段。一般来讲，这类行政命令不仅带有法规的性质，而且可以回避来自国会的制约。除总统的行政命令之外，还有一类政策文件常常会对具体对外援助项目的执行提出建议、给予指导，即总统倡议，比较有代表性的是奥巴马政府时期的"全球气候变化倡议"（Global Climate Change Initiative，GCCI）②。2010 年 9 月，奥巴马总统签署 GCCI，计划借助双边、多边和民营机制把气候变化问题纳入有关对外援助方案，以倡导低碳增长、促进可持续发展和增强社会的气候适应能力，并减少森林砍伐和土地退化造成的排放。

　　美国政府会根据各对外援助授权法案和行政命令的内容提出预算提案并提交国会，国会投票通过后形成拨款法案。对外援助拨款法案不仅规定了援助账户的拨款数额、资金流向，还会根据新的总统倡议设立新的援

①② 孙明霞.美国对外援助机制及其对中国的启示［J］.国际展望，2015（4）：136-156，162.

助账户，从而改变现有的对外援助政策。GCCI 就出现在奥巴马政府时期的拨款法案中①。

不过总统行政命令和总统倡议所带来的问题是在政策上存在不稳定性。在美国总统更迭的过程中，不同的总统会有不同的行政命令和总统倡议，从而导致政策的连续性受到冲击。美国特朗普总统接管白宫后，废除了奥巴马政府的多项总统行政命令和总统倡议，取消了气候援助的国际资金支持，削减了气候变化议题的国内预算，极大地阻碍了美国气候援助的进程。

3. 美国对外气候援助的组织结构

美国对外援助的组织结构根据不同的议题授权以及持续的时间会不断发生变化，部门之间的合作具有灵活性和创造力，但在总统更迭的过程中也存在一定的不确定性、不连续性的风险。美国对外援助的部门和职能如图 5-4 所示。根据不同的授权，各政府机构有各自分管的主要领域，同时也有需要与其他机构合作的内容；根据授权的变动，还会根据需要增加或者减少机构设置，变动机构合作方式。如美国 2004 年在原有对外援助机构布局的基础上成立了"千年挑战署"，对接受援助的国家进行严格筛选，加强了对援助效果的监控，提供了一种不同的援助机制②。

奥巴马政府期间，美国在 GCCI 框架下的气候援助包括清洁能源、可

---

① 孙明霞.美国对外援助机制及其对中国的启示［J］.国际展望，2015（4）：136-156，162.
② 朱月季.新援助格局下中国对非洲援助实践的改革路径：美国经验［J］.华中农业大学学报（社会科学版），2017（1）：120-128，145.

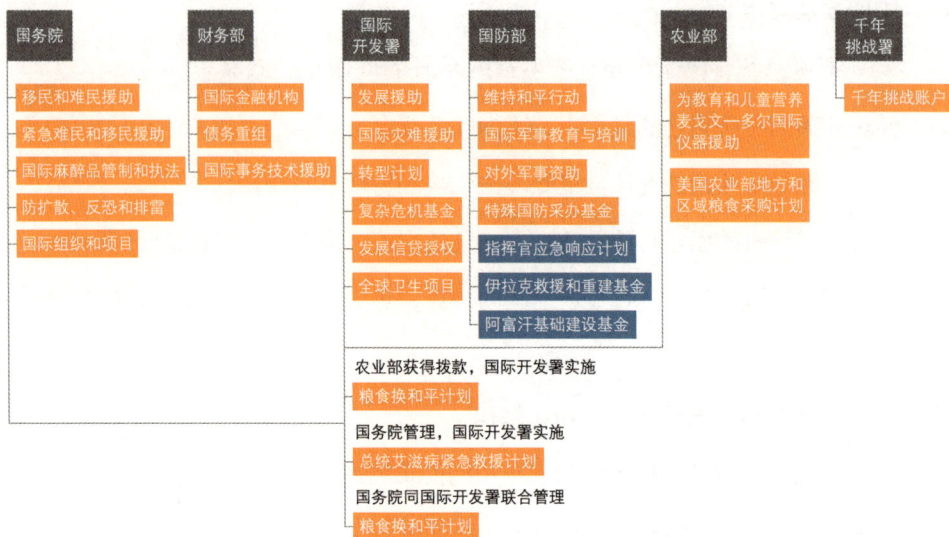

图 5-4　美国对外援助政府部门的组织结构及其职能

资料来源：孙明霞，2015。

持续景观以及能力建设三大领域，主要通过国务院、财政部和 USAID 三个核心部门以项目的形式实施[①]。

USAID 是负责美国对外直接援助执行工作的主要部门，其组织结构如图 5-5 所示。USAID 将气候援助列为重要的工作领域，已经开展了数十年与气候变化有关的援助工作，气候变化议题的重要性在奥巴马政

[①] 秦海波，王毅，谭显春，等 . 美国、德国、日本气候援助比较研究及其对中国南南气候合作的借鉴 [J] . 中国软科学，2015（2）：22-34.

府后半期尤为凸显。除帮助发展中国家免受气候变化影响之外,目前
USAID 主要致力于通过援助促进发展中国家走气候友好型的低碳发展之
路:①帮助发展中国家制定和执行低碳发展战略;②向其提供早期预警
系统以及其他设备;③帮助其改善水资源管理、农业、卫生以及灾后重
建;④探索将气候变化融入农业、减灾、政府治理等发展援助之中,等等。
2012 年 1 月,USAID 发布了《气候变化与发展战略报告 2012—2016》
(*Climate Change and Development Strategy 2012-2016*),提出了未来五年
气候援助的三大战略:①加大清洁能源技术的投资,以减少森林砍伐、
降低温室气体排放;②帮助发展中国家和社区应对和适应气候变化;

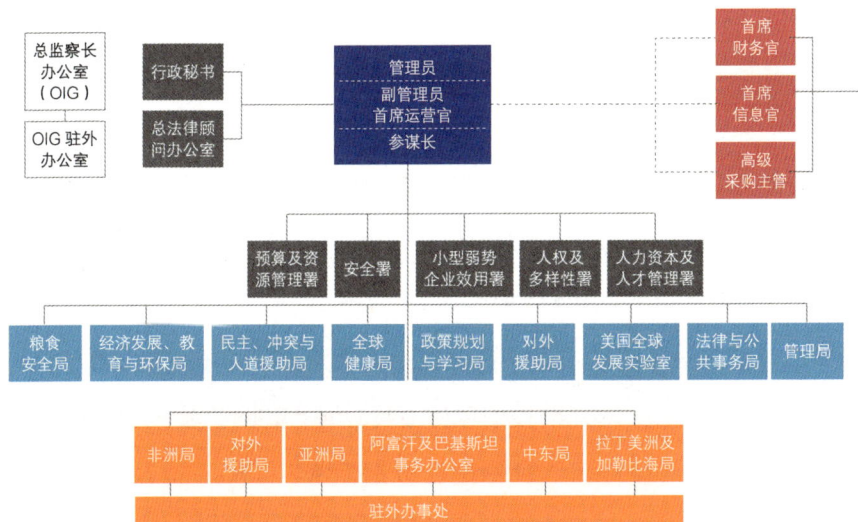

图 5-5 USAID 组织结构

资料来源:参照 USAID 官网介绍绘制。

③将气候变化融入 USAID 的所有项目与行动中。到 2016 年，USAID 计划帮助 20 个伙伴国家制定和执行低碳发展战略，将气候变化融入粮食安全、全球健康、民主以及其他发展援助中，并最终找出最有效的方法来支持低排放的气候友好型发展①。

4. 美国对外援助的管理特色

为保障对外援助项目的实施效率和效果，美国在项目运行层面也出台了一些行之有效的管理规定。

一是管理过程标准化。美国针对对外援助项目的执行制定了可控的标准化流程，并对项目进行了严格的追踪管理。技术援助是美国实施对外援助的主要方式之一，完善的运营规章体系确保了美国技术援助的效率。USAID 在援助执行政策中专门对技术培训与能力建设的实施进行了相关规定，包括培训地点的选择标准、培训计划的要求、培训理念的设计、培训计划的实施。在各类不同的培训模式下，对培训实施方的选择、差旅安排、赞助方的资质条件、培训前期准备、培训监督与汇报等方面的细则进行了详细的规定，从而保障了对对外援助预期目标的考核有章可循，使其达到资金预算约束下的最优效果②。

二是增加对外援助项目的透明度。美国国务院为增加 USAID 对外发展援助的透明度，对对外援助项目涉及的财务数据进行了及时公开。信息发布的平台被称为"对外援助数据面板"（Foreign Aid explorer

---

① 参考 USAID 官网介绍，http：//www.usaid.gov/。
② 朱月季 . 新援助格局下中国对非洲援助实践的改革路径：美国经验［J］. 华中农业大学学报（社会科学版），2017（1）：120-128，145.

Dashboard，FAD），涵盖了所有有关美国对外援助的官方数据，此平台在不断地完善，发布的数据也越来越详尽。确保数据的公开性也是在履行美国总统行政命令所要求的政务透明承诺，USAID 在对外援助信息的公开力度、信息的及时性与可获得性方面是处于领先地位的。每年 USAID 会针对美国政府的对外援助发布两大重要报告：①通过互联网向世界公布所有对外援助的历史数据；②向 OECD 汇报官方发展援助报告，后者会反映在 OECD-DAC 数据库中。

三是通过多边合作减少资源浪费和利益冲突。USAID 在关于技术培训和能力建设方面的政策中指出，培训工作需要跟受援国家和其他利益相关者进行讨论与沟通，其他利益相关者包括了其他援助实施方。在国际层面的对外合作中，对于热点地区和热点话题的援助各国都会涉及，通过加强多边合作能够减少重复建设，同时也有利于规避对外援助过程中不同主体的利益冲突。

5. 小结

总结美国对外环境和气候援助的经验，有以下几点值得关注：①立法先行，并及时增补法律条款，便于增加新兴援助领域和议题；②灵活的组织结构模式，以适应不同议题的工作需求；③科学管理对外援助项目，提高政策透明度。

此外，关于美国对外气候援助中如何在适应和减缓之间平衡的问题，从 OECD-DAC 数据库的情况来看，过去美国的气候援助无论从项目数量还是资金总额来看，更多倾向于气候适应方面，但是从动态角度来看，美国正在寻求途径实现适应和减缓的平衡。

5.2.2 德国对外气候援助

德国的对外发展援助始于 1952 年联合国的 "扩展援助计划"（Extended Assistance Scheme，即后来的联合国开发计划署）。四年之后，德国联邦议院通过法案建立了 "5 000 万马克基金" 用于对外发展援助。1961 年，德国联邦政府设立了经济合作与发展部（BMZ），这是欧洲各国政府中第一个专门从事对外援助和发展合作的内阁部门。德国作为欧盟的主要成员国，其对外援助和气候援助不同于美国，有其特色。

1. 德国对外气候援助的现状

在过去 20 年中，德国一直积极履行《联合国千年宣言》及其核心目标 "消除贫困"，目前已经成为世界上最大的双边援助国之一。德国对外发展合作政策的主要目的是帮助发展中国家和转型国家改善经济、政治、生态和社会状况，帮助并促使受援国的人民发挥其创造力。随着全球对气候变化科学认知的不断深入，气候援助逐渐进入德国主要援助议程。德国将气候变化视为帮助发展中国家实现可持续发展转型的主要挑战，其对外气候援助是欧盟所有成员国里最多的。

从图 5-6 中可以看出，德国对外援助的总体金额仍在增长，2015 年对外援助金额总量接近 180 亿美元，但是环境援助和气候援助在德国对外援助总额中的比例呈等比例下降，2015 年分别占 3.3% 和 1.3%。环境议题和气候变化议题在德国对外援助议程上的重要程度有所减弱，这与全球政治经济形势的变化密不可分。一方面，发端于 2008 年的全球经济危机影响范围广、持续时间长，特别是南欧的债务危机对欧盟地区的整体经济发展形成了制约。德国对南欧和东欧的转移支付和对外援助在增长。另一方面，随着中东、北非地区政治形势的恶化，难民问题给德国带来了很大的经济负担，这也同样反映在德国对外援助的资金分配上。整体而言，德国对外援助的资金总量在逐年增长，环境和气候援助的资金总量增速不及对外援助资金总量的增长速度，因而其占比呈现下降趋势。

图 5-6　2011—2015 年德国对外援助总额及其环境、
气候援助占 ODA 总额的比重（美元现价）

数据来源：OECD-DAC 数据库，2017。

图 5-7 显示了德国对外环境和气候援助金额的年度变化情况，以及气候援助占环境援助的比重。德国的对外环境援助总量还是在波动式地上升，气候援助的总量也在缓慢地、波动式地增加，但是两者上升和增加的

幅度并不大。而德国气候援助金额占环境援助金额的比例在 2011—2015 年呈现下降趋势。

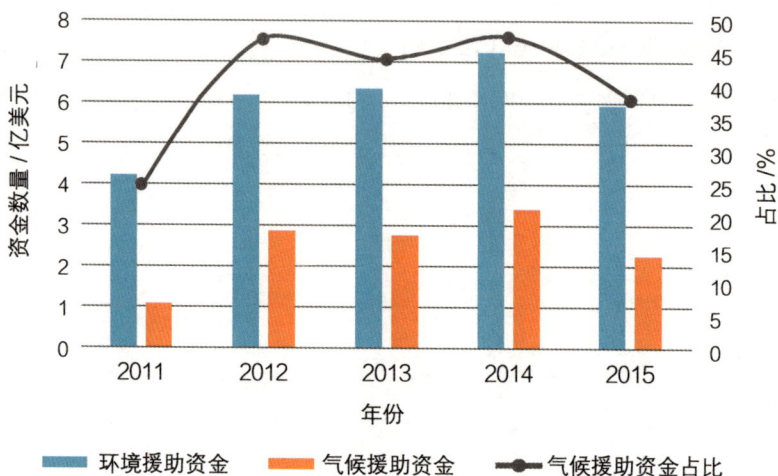

图 5-7 2011—2015 年德国对外环境、气候援助金额及气候援助占环境援助的比重（美元现价）

数据来源：OECD-DAC 数据库，2017。

从德国对外气候援助的项目分布来看（图 5-8），在资金方面，明显偏重于对减缓项目的援助；在项目数量上，适应项目占多数。可见，德国的对外气候援助是由很多中小资金规模的适应项目和相对较少的大型资金规模的减缓项目构成的。此外，对于不能明确划分为适应或减缓项目的，德国通过很多小型项目给予支持。

2. 德国对外气候援助的组织结构

德国 BMZ 负责制定和审查国家的发展合作政策，具体实施则由一些

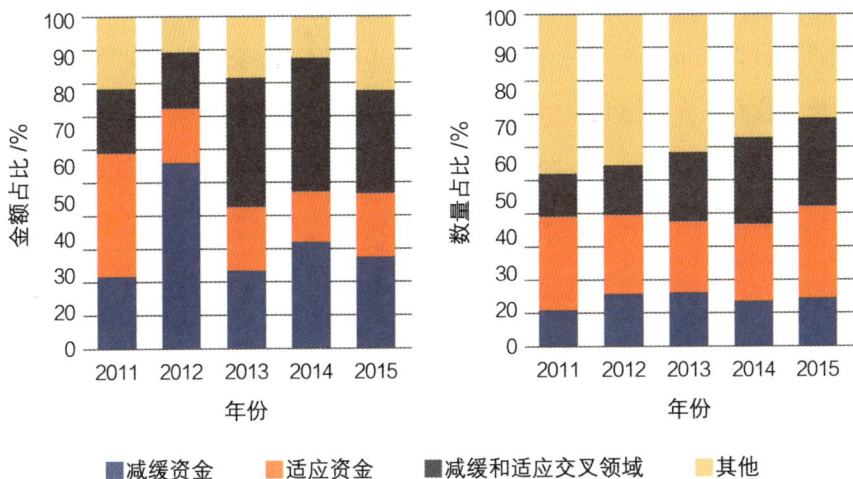

图 5-8　　2011—2015 年德国气候援助中各项目金额
（美元现价）（左）及数量（右）占比

数据来源：OECD-DAC 数据库，2017。

执行机构负责。其中，德国开发银行（KfW）负责执行金融信贷合作，德国技术合作公司（GTZ）专门实施技术合作项目，德国国际培训与发展公司（InWent）负责实施人员培训项目，德国发展服务公司（DED）负责促进德国私人企业，特别是中小企业在发展中国家的投资。其中，GTZ、InWent 和 DED 三家于 2011 年合并成为德国国际合作机构（GIZ）。GIZ 遂成为德国最大的技术援助实施机构①。

德国 GIZ 和 KfW 的主要援助方式都是双边援助，BMZ 负责统筹

———————————

① 陈盈，刘源源，王枫．智力输出与经济"走出去"德国国际合作机构的经验及启示［J］．清华金融评论，2015（10）：101-105.

GIZ 和 KfW 的双边环境发展援助内容；德国的多边援助则由 BMZ 与其他机构合作完成；人道主义紧急援助则由 BMZ、外交部、其他联邦部门和地方政府、大使馆共同协作完成；联邦议会负责战略上统领和审议联邦政府部门的发展援助战略和政策（图 5-9）。在整个对外环境发展援助的框架内，德国环境部（BMU）的话语权和行动力并不显著，但具体到气候领域的对外援助，BMU 的作用就不容忽视了。

德国气候援助主要由 BMZ 和 BMU 负责（图 5-10），但两部门常常各自为政，缺乏一致性的援助战略，招致了很多批评的声音。BMZ 的气候援助可以分为气候融资和技术援助两类，前者主要通过 KfW 渠道，后

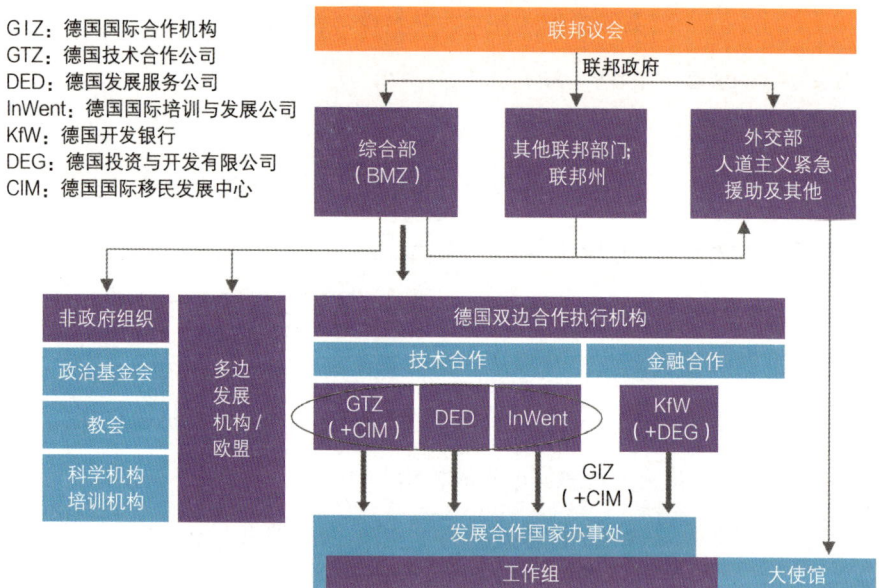

图 5-9　德国发展合作体系组织结构

数据来源：OECD-DAC，Peer Review Germany，2010。

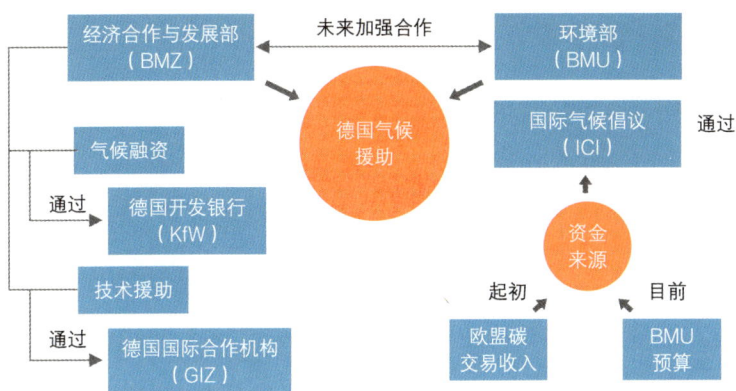

图 5-10　德国气候援助组织结构

资料来源：余南平，2012；秦海波 等，2015。

者主要由 GIZ 负责。这与德国对外发展援助的整体组织结构是一致的。2010 年，BMZ 气候变化项目资金达到 15 亿美元，占其总援助预算（78 亿美元）的近两成。这一方面反映了气候援助与发展合作的内在联系，另一方面也表明 BMZ 将气候援助视为帮助受援国实现可持续发展转型的重要手段，而不是仅仅把它当作环境援助的"升级版"。

BMU 是德国气候援助的另一个重要提供者。2008 年，BMU 发起"国际气候倡议"（International Climate Initiative，ICI），其气候援助主要通过 ICI 渠道。ICI 每年预算 1.6 亿美元，主要关注气候减缓项目以及碳捕集与封存技术（CCS），适应性的项目仅占 10％ 左右，所有发展中国家都可以申请。起初 ICI 的资金主要来自欧盟碳交易机制（European Emissions Trading Scheme，EUETS）收入，这种通过碳交易资金帮助发展中国家减排的模式在当时被认为是一种政策创新。随着排放许可证价格的下跌，目前 ICI 的资金主要来自 BMU 的预算。

3. 德国 GIZ 的运行机制

GIZ 是德国联邦直管企业，BMZ 是 GIZ 的主管部门[①]。GIZ 的注册地址分别在德国的波恩和埃施波恩，主要负责人有两位，分别来自柏林和布鲁塞尔，在德国境内有 16 处办公地址，在全球有超过 90 个办公地址，有些与其他德国发展机构在一起办公[②]。截至 2015 年 12 月 31 日，GIZ 的运营额超过 21 亿欧元，在全球 130 多个国家拥有 17 319 名员工，其中 70% 是东道国公民。作为一家人力输出机构，GIZ 目前向合作国家派驻了 730 名工人。此外，GIZ 还与 CIM、联邦就业管理局等单位合作，向合作国家派驻了近 1 000 名长期和短期的行业专家[③]。GIZ 会针对不同援助对象有针对性地制订援助计划。

GIZ 拥有 sequagGmbH[④]的股份，2010 年 1 月拿到了 sequagGmbH 高达 49% 的股份[⑤]，成为其最大的股东；同时，其他股东都是德国最具实力的行业协会，如德国工商行业协会、德国技工联盟、德国雇工协会联盟、德国工业联合会等，这使其有能力调动更多的私人部门融资，为援助对象国家的发展提供更多的政策和技术工具选项。

GIZ 自 2000 年起成为欧洲执行发展机构网络（European Network of

[①] GIZ，https：//www.giz.de/en/aboutgiz/shareholder.html。

[②] GIZ，https：//www.giz.de/en/aboutgiz/organisation.html。

[③] GIZ，https：//www.giz.de/en/aboutgiz/profile.html。

[④] sequagGmbH 成立于 1991 年，是一家主要与德国私人部门合作执行国际开发合作计划的机构，详见 http：//www.sequa.de/。

[⑤] GIZ，https：//www.giz.de/en/aboutgiz/549.html。

Implementing Development Agencies，EUNIDA）的发起成员之一，拥有其股份，为深入开展国际合作提供了平台。EUNIDA 的实体机构是欧洲经济利益集团（European Economic Interest Grouping，EEIG）。EUNIDA 由 11 个代表着欧盟成员国的组织构成，定期轮流作为主席成员负责推进各个项目的进展。这种机构网络平台能够提供远超于单个机构所提供的服务。

在开展某项具体的开发项目时，GIZ 的主要合作对象是东道国政府，相应地，其合作项目的目标也遵循东道国发展目标的优先领域和优先顺序。GIZ 的国际合作项目都是在德国和伙伴国签署合作伙伴关系的前提下推进的。对于那些没有建立国际合作关系的国家，GIZ 往往很难与其开展国际合作。而且当国家间的双边伙伴关系发生变化时，GIZ 与该伙伴国的合作关系会适时调整，甚至终止。这一点保障了 GIZ 能够与德国联邦政府的立场保持一致，并可以通过国际合作项目宣传德国国际合作的理念。

一般而言，一国在开展对外援助和国际合作项目的过程中会存在直接利益和间接利益：直接利益往往可以促进国际合作，推进全球可持续发展的深度和广度；间接利益则包括向东道国输出产品、服务和咨询，开发目标行业和产品在东道国的市场，提升出资国在东道国的地缘政治影响，获取东道国的非官方信息，为后续在东道国投资营造良好的政策环境等。有研究比较了德国 GIZ、美国 USAID 和欧盟在对外援助时直接利益和间接利益的获取情况，认为 GIZ 在国际援助和合作中获取的间接利益介于美国和欧盟之间，也就是说，美国在最大限度上实现了其间接利益，而欧盟实现其间接利益的程度非常有限。[①]

4. 小结

德国在开展国际合作中值得我们关注和学习的经验有以下几点：

第一，制定长期国际合作战略，在既定不变的战略框架下开展国际合作，保障国际合作的延续性和稳定性。

第二，结合伙伴国家的国家战略，有针对性地设计和落实各项可持续发展目标，为全球和地区的可持续发展以及双边关系提供更好的交流平台。在这一点上，德国对外援助项目从设计到执行的过程中始终保持连续性和创新型，是非常关键的。例如，GIZ 会根据合作国家和合作领域的不同，灵活地组建工作团队，一旦工作团队得以建立，便充分利用和发挥这个团队的资源网络和团队人员的主观能动性，通过建立人与人之间的紧密联系，尽量减少官僚层级带来的行动滞后和低效，从而保障了机构运行能够有效地服务于某个具体的项目。

第三，GIZ 与行业协会网络和平级开发机构网络的联系非常紧密，极大地提高了 GIZ 获取信息和甄别信息的效率，也为 GIZ 提供了完成多领域项目的可能性。

第四，GIZ 不仅依靠德国联邦财政，还拥有私人部门的融资渠道，这使项目在经过一定时间的政府支持后，能够逐渐延续和开发独立的商业模

---

① Md Saifur Rahman, Lukas Giessen. Form a land Informal Interests of Donors to Allocate Aid: Spending Patterns of USAID, GIZ, and EU Forest Development Policy in Bangladesh [J]. World Development, 2017, 94: 250-267. https://doi. org/10.1016/j.worlddev.2017.01.012. (http://www.sciencedirect.com/science/article/pii/ S0305750X17300268)

式，从而获得自身发展的原动力。

第五，在对外援助过程中，理解和融入当地文化、学习和使用当地语言是非常重要的，这能够更好地服务于当地的需求。

5.2.3 日本对外气候援助

日本的对外援助始于其 1954 年以援助国和受援国双重身份参加的"科伦坡计划"。日本作为该计划的加盟国，从 1955 年开始实行对外援助。1961 年，OECD 在美国和加拿大的支持下宣告成立。1964 年，日本以援助国的身份加入 OECD，成为提供 ODA 的会员国之一，开始正式对外实施政府开发援助[①]。日本的对外援助在不同的历史时期有着不同的侧重点，对经济发展、能源安全和外交利益的追求一直是日本对外援助的目标[②]。2015 年 2 月，日本政府通过了新的《政府开发合作大纲》（以下简称新《大纲》），这是自 2003 年以来首次对日本的开发援助《大纲》进行调整。新《大纲》中明确提出，日本的对外援助要为国家利益服务。日本的对外援助有着非常明确的经济、地缘政治诉求。自"冷战"结束以后，日本就将气候变化、生物多样性等全球性环境议题作

> **科伦坡计划**
>
> "科伦坡计划"（Colombo Plan）是指 20 世纪 50 年代由英联邦国家提倡设立的"南亚和东南亚合作经济发展科伦坡计划"。该计划作为亚太地区经济和社会发展援助机构，是"二战"后最早为发展中国家建立的国际机构。

[①] 浦佳佳 . 日本对中亚国家的政府开发援助［J］. 国际研究参考，2017（3）：28-33，19.

[②] 刘艳 . 战后日本对外援助的政策演变及战略分析［J］. 石河子大学学报（哲学社会科学版），2016（4）：87-93.

为其外交战略的重点领域，试图扩大国际影响力。在援助地区方面，日本倾向于周边国家优先战略，将对外援助的重点放在亚洲和中亚等邻国，对扩大其地缘政治影响力、提高亲和力和领导力具有非常重要的作用。

1. 日本对外气候援助的现状

2011—2015 年，日本对外援助总额有升有降，但整体的发展趋势是下降的（图 5-11）。2015 年，日本对外援助总额达到 92 亿美元左右，其中，环境援助和气候援助的占比分别为 3.1% 和 2.3%。相较于美国和德国，虽然日本对外援助总量没有更高，但是气候援助所占的比重却明显更高。2011—2015 年，除 2012 年受到 2011 年福岛核电站事故的影响显著下降外，2013—2015 年环境援助和气候援助的占比基本稳定在 3% 和 2% 左右。

图 5-11　2011—2015 年日本对外援助总额及其环境、
气候援助占 ODA 总额的比重（美元现价）

数据来源：OECD-DAC 数据库，2017。

分析日本对外环境援助和气候援助的金额变化（图 5-12），环境援助总额呈现下降趋势，但是气候援助的总额却保持在基本不变的水平，这导致气候援助占环境援助的比重逐年上升。2015 年，日本气候援助占环境援助的比重高达 75.6%。与美国和德国这一数字都在 30% 左右的水平相比，日本在对外气候援助领域倾注了大量的资金。

日本对外气候援助项目的资金和数量分布如图 5-13 所示，其中用于适应项目的资金份额略大。从项目数量来看，减缓项目的数量逐渐减少，这与对减缓项目援助的资金总额逐渐减少相对应。适应项目的援助资金有所减少，但是适应项目数量却逐年增加，这说明日本在对外气候援助中正在新建和识别更多的适应项目。此外，无论从项目数量还是项目金额的角

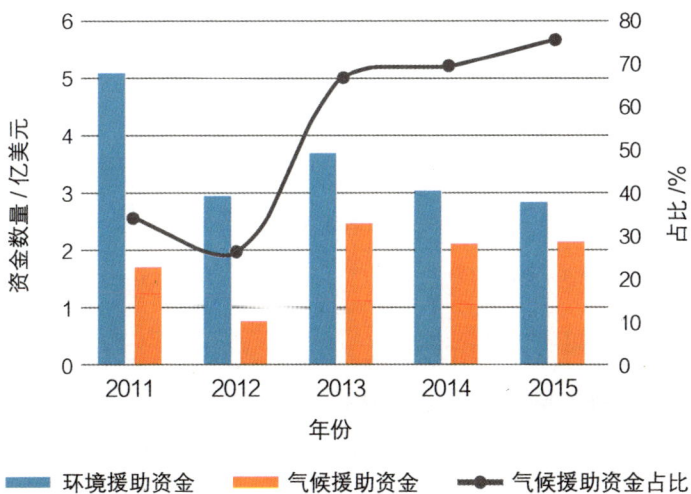

图 5-12 2011—2015 年日本对外环境、气候援助金额及
气候援助占环境援助的比重（美元现价）

数据来源：OECD-DAC 数据库，2017。

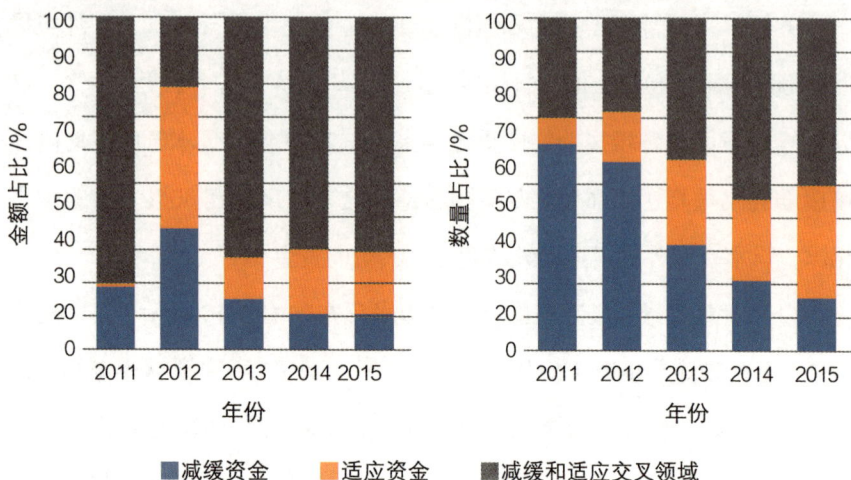

图 5-13　2011—2015 年日本气候援助中各项目金额
（美元现价）（左）及数量（右）占比

数据来源：OECD-DAC 数据库，2017。

度来看，日本对外气候援助中都存在大量无法归类于减缓或者适应的项目。这很可能是日本政府为了扩大气候话语权和气候影响，将其他发展援助项目包装或标识为气候援助项目，从而达到维护和提升日本国家利益的目的，是值得深思的。

2. 日本对外气候援助的组织结构

日本很多对外援助项目都是通过日本国际协力机构（Japan International Cooperation Agency，JICA）实施的。2008 年，原本由日本国际协力银行负责的海外经济援助事业（日元借款）、日本外务省负责的无偿援助事业（外交政策和外务省直接实施的除外）、原 JICA（成立于

2003 年）负责的技术援助事业都统一为新的 JICA 负责①。2008 年以后，日本 ODA 的实施与管理主要由 JICA 负责。

JICA 的总部设在东京，截至 2016 年年底，拥有全职员工 1 882 人，理事会成员包括 1 名总裁、1 名执行副总裁、8 名副总裁、3 名审计员。JICA 的组织结构相对简单，除了总部，还分别设有海外和国内办公室，平行设有独立的图书馆。JICA 海外办公室分别设在亚洲、中东、大洋洲、拉丁美洲和欧洲。

日本的对外气候援助由 JICA 和日本外务省共同负责，JICA 是主要负责机构（图 5-14）。日本外务省更多的是负责统筹协调项目进展及决策，

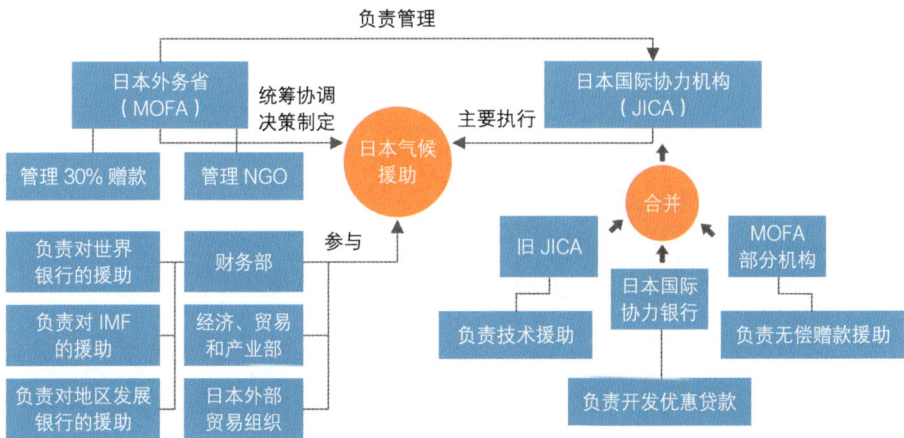

图 5-14　日本对外气候援助组织结构

注：IMF，即 International Monetary Fund，国际货币基金组织。
资料来源：黄梅波 等，2011；秦海波 等，2015。

---

①　JICA 官网介绍：https：//www.jica.go.jp/english/index.html。

而 JICA 则是日本对外气候援助的主要执行方。

3. 小结

第一，日本对外援助中气候援助的比例特别高，结合其对外援助符合国家利益的原则考虑，说明日本将气候变化作为一个能够提升国家影响力和话语权的政治标签加以充分诠释和利用。第二，日本对外援助的机构职能清晰明确，从而保证其能够稳定地执行气候援助的长期项目。第三，从优先满足国家利益的角度考虑，周边外交是关键，日本的对外援助和对外气候援助优先关照亚洲国家，有利于其更好地开展外交活动。

5.3　典型发展中国家对外援助中的环境、气候要素

5.3.1　巴西对外援助

巴西在气候变化问题上的政策和立场变化与其外交政策的调整密不可分。2003 年以来，巴西基于大国外交战略的调整，一方面希望解决亚马孙地区的毁林问题，另一方面希望通过可再生能源方面的竞争优势发展新能源外交，扩大其国际影响。巴西通过"乙醇外交"谋求扩大经济利益，提升大国影响力，使气候变化问题成为其发展机遇[①]。

---

① 贺双荣.巴西气候变化政策的演变及其影响因素［J］.拉丁美洲研究，2013（6）：26-32，80.

20 世纪 90 年代以来，巴西通过改革使经济获得迅猛发展。2010 年，巴西经济增长率为 7.49%，按当年现价计算的 GDP 为 20 903.14 亿美元，成为世界第八大经济体。巴西是南美地区最大的经济体，GDP 占据南美总额的一半，是发展中国家中第六大对外投资国，并且拥有包括巴西石油公司（Petrolio Brasiliero S.A.）和巴西淡水河谷公司（Companhia Valedo Rio Doce）等一些重要的跨国企业。随着经济的发展，巴西正由一个净受援国逐步向援助国的角色转变，尤其是巴西参与的三方合作型援助发展势头迅猛。巴西的对外援助在国际上受到越来越多的关注，其对外援助管理体系也形成了自身的特点。

从 20 世纪 80 年代开始，巴西逐渐转换身份开始向其他发展中国家提供对外援助，通过战略布局来强化并扩大其外交利益。双边援助是巴西对外援助的主要模式。巴西参与发展援助的主要目标是改善发展中国家居民的生活环境，通过知识和技术转移推动受援国的经济增长、社会进步、能力和机构建设。巴西的对外援助不是建立在企业或者商业利益之上的，而是无任何政治意图、无条件的。在这样的背景下，巴西关于多边主义、不干涉内政以及和平解决纠纷的承诺不仅是其外交政策的原则，同时也是其发展援助的原则。巴西利用对外援助来加强与发展中国家的关系，以此提高自己的国际威信和影响力，并促进南南合作。巴西政府认为对外援助的一个重要目的是弥补巴西与周围邻国发展的不平衡性，达到国家安全的战略目标，因为"如果与一个不满的国家为邻，那么这个国家就不会感到安全"。巴西将南美、中美以及加勒比海作为其成功经验和技术转让的优先对象，是因为这些地区在历史上或是文化上与巴西有着密切的联系；而巴西与非洲的合作，则旨在寻求解决奴隶制时期产生的历史债务问题。

1. 巴西对外援助的现状

图 5-15 展示了 1999—2017 年巴西对外环境技术援助的项目数量，其中，可持续发展领域的项目数量明显占有最大比重。对外技术援助项目的覆盖领域和数量在 2012 年以后都明显减少，

> **里约 +20**
>
> 联合国可持续发展大会首脑会议，又称里约峰会。2012 年的里约峰会距 1992 年里约联合国环境与发展大会（又称地球首脑会议）正好 20 周年，因此又被称为"里约 +20"峰会。

这与"里约 +20"峰会后巴西调整了对外援助战略息息相关。2012 年以后，巴西将更多的精力集中在落实联合国可持续发展目标（Sustainable Development Goals，SDGs）上。

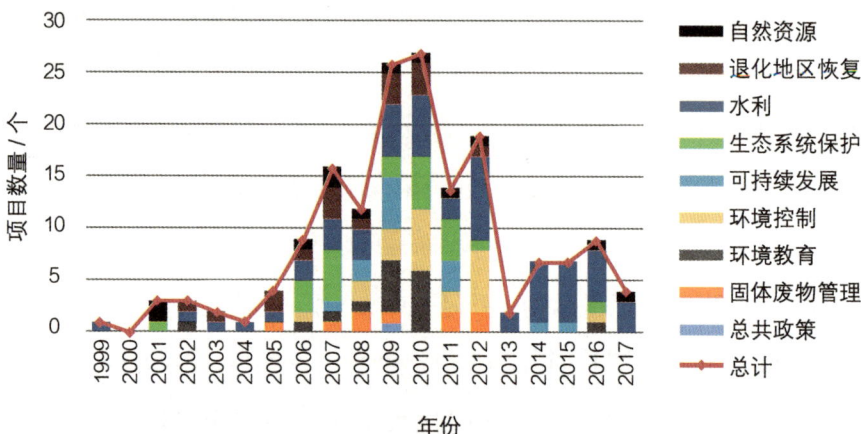

图 5-15　巴西合作署对外环境技术援助项目数量

数据来源：http://www.abc.gov.br/.

从累计数量来看（图 5-16），巴西在可持续发展领域投入的对外援助精力最大，生态系统保护和环境控制次之。值得注意的是，在巴西对外援助的各领域中，并没有明确标识气候援助。事实上，作为发展中大国，巴西是气候正义和气候伦理的坚决守卫者，但气候变化作为全球环境问题需要在全球语境下应对，发展中国家和发达国家之间应坚守"共同但有区别的责任"原则，不承担减排义务，也不承担出资、技术转移等其他义务。巴西的对外援助项目统计中没有标识气候援助项目，这是其坚持发展中国家定位的体现，但这并不意味着巴西对外援助的内容与气候变化无关。联合国可持续发展目标的 17 个目标中明确包含了气候变化的目标。

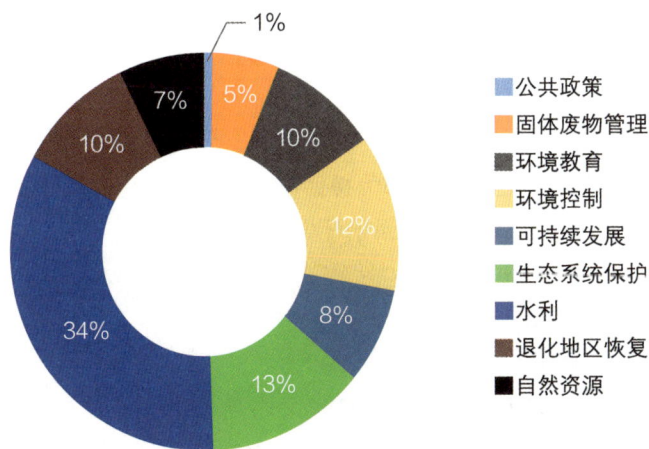

图 5-16　巴西合作署对外环境技术援助项目累计数量的行业分布

数据来源：http：//www.abc.gov.br/。

图 5-17 给出了巴西 2004—2014 年这 11 年间新增和运行中的项目和活动数量，以及新增环境项目占比。新增环境项目占比在这 11 年间呈波动式上升，在 2014 年出现陡增，这可以从一个角度反映出巴西环境项目的重要程度在其对外援助战略中有所提升。

图 5-17 巴西合作署对外援助新增项目和运行项目数量，
以及新增环境项目占比

数据来源：http://www.abc.gov.br/。

巴西 2005—2010 年对外援助的支出如图 5-18 所示。2010 年，巴西对外援助支出为 9.23 亿美元，约为美国的 3%、德国的 5%、日本的 10%，总规模存在数量级上的差距。

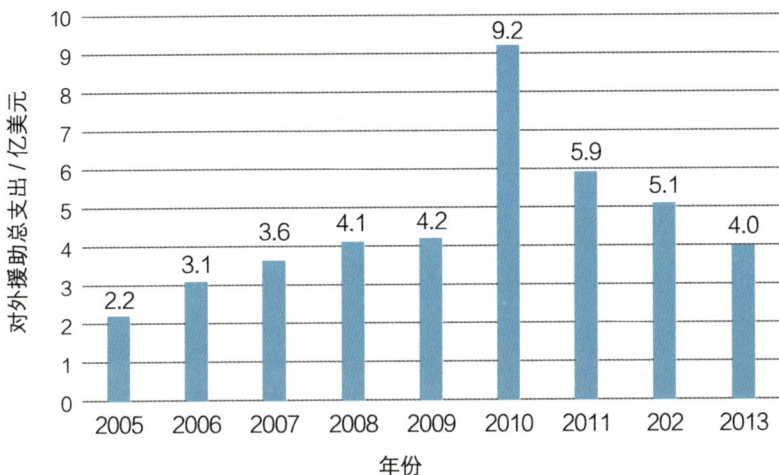

图 5-18　2005—2010 年巴西对外援助年度总支出

资料来源：IPEA，2010、2013。

2. 巴西的三方合作援助

根据 2009 年 OECD 的 DAC 的定义，三方合作是指 DAC 成员国与关键国家（Pivotal Countries，一般为提供南南合作的新兴市场国家）在受援国共同开展的关于发展合作的项目或计划。三方合作的主体为政府、国际机构、非政府组织、社会组织及私人部门等，其中，政府是三方合作的主要参与者。目前通常认为，三方合作应至少包括一个传统援助国（OECD 的 DAC 成员）或国际机构、一个及以上新兴市场国家、一个及以上受援国。一般情况下，新兴市场国家扮演中心角色，提供技术援助并分享发展经验，传统援助国和国际机构提供技术援助和资金。其中，新兴市场国家和传统援助国的分工并不固定，视项目具体情况而定①。

①　郭语.巴西对外援助中的三方合作管理与实践［J］.拉丁美洲研究，2016（6）：20-33，155.

近年来，随着新兴市场国家在国际援助领域的兴起，三方合作逐渐受到国际社会的关注。巴西是目前开展三方合作项目最早、最多的新兴市场国家。三方合作模式在巴西的对外援助中具有很大优势。

对于巴西政府而言，通过三方合作项目可以更加便捷地利用传统援助国所建立的全球合作网络和条件对第三国施加影响，同时继续接触和吸收传统援助国的先进技术和经验；此外，还可以利用三方合作项目巩固与传统援助国之间的双边关系。因此，巴西政府对三方合作持积极开放的态度，并将其作为对外援助的重要组成部分[①]。

巴西对外援助的三方合作实施方式主要包括第三国培训项目（TCTP）、联合培训项目（JTP）、在巴西或第三国联合举办研讨会及在第三国联合开展项目等。其中，第三国培训项目是巴西和日本合作开展的最为成功的项目之一，20多年来培训了1 500多名来自拉丁美洲和非洲葡语国家的人员[②]。这种三方合作项目与美国的多边合作项目有某种共同的作用，既能分担成本和责任，又能避免浪费、减少争端。对于发展中国家开始推行对外援助战略而言，三方合作不仅能够输出本国的技术，还能够在合作的过程中再次学习发达国家的管理理念和其他方面的先进经验，少走弯路。

[①] 郭语.巴西对外援助中的三方合作管理与实践［J］.拉丁美洲研究，2016（6）：20-33，155.

[②] （Brazil）Ministry of Foreign Affairs. Joint Press Statement on Technical Cooperation between Japan and the Federative Republic of Brazil［EB/OL］.［2015-10-17］. http://www.mofa.go.jp/region/latin/brazil/pv0505/press-2.html.

如图 5-19 所示，巴西三方合作的主要伙伴是日本和国际劳工组织，而与美国和欧盟国家、部分国际机构的合作处于中等水平，再次是与北非、中东和其他国际机构的合作。其中，巴西与日本的合作与两国的移民互通关系密切。历史上曾经有大量的日本移民赴巴西劳作和生活以躲避战争灾难和自然灾害，并在巴西社会建立了良好的信誉。随着日本侨民和移民在巴西的社会地位逐渐稳定，带动了巴西和日本之间良好的双边外交环境的建立，为开展三方合作奠定了坚实的基础。可见，与在本国生活和定居的发达国家的侨民和移民建立充分的社会互信，有利于发展中国家更好地融入国际事务。

综合来看，三方合作具有如下优势：①新兴市场国家通常具有受援国和援助国的双重身份，可以更好地理解受援国的需求，以制订相关援助

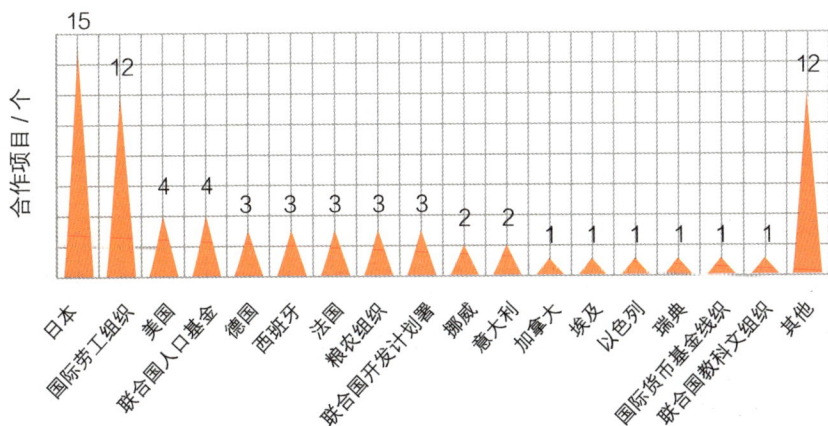

图 5-19　巴西三方合作的主要伙伴及合作项目数量

资料来源：Gabral，Lidia，Weinstock，Julia. Brazilian Technical Cooperation for Development：Drivers，Mechanics and Future Prospects. London：Overseas Development Institute，2010：31.

政策；②新兴市场国家提供的技术和经验适合具有类似经济、制度、气候条件的发展中国家，具有较强的实用性；③传统援助国可以提供先进的理念与方式，使新兴市场国家的援助体系进一步成熟。

但三方合作体系也存在一些问题。就巴西而言，尽管巴西是开展三方合作最多的国家，但其三方合作也仅占所有技术援助项目的1/5，且援助效果并不尽如人意，其三方合作管理存在碎片化、缺乏监管和评估、人员流动性过大等问题。

根据三方合作模式中已有的经验，可以总结出以下启示：

第一，重视传统援助国与新兴市场国家的合作基础。在三方合作的起始阶段，可从"复制"传统援助国、国际机构在新兴市场国家，或者新兴市场国家在其他发展中国家开展的成功项目做起，充分利用传统援助国与新兴市场国家在该领域已有的良好经验；同时，应有效利用新兴市场国家在传统援助国帮助下建立起来的援助机构和援助理念，提高效率，减少二者磨合的成本①。

第二，明确三方合作中的责任分配。新兴市场国家与传统援助国在三方合作中应尽量平等地分担责任，并对援助项目投入足够的资金或等值的人力与物力，一方面，三方合作可以比双边合作产生更广泛的援助影响；另一方面，新兴市场国家可以积累经验，承担一定的国际责任。在针对环境援助、气候援助这类在很大程度上关乎全球公共物品的对外援助时，更需要明确传统援助国与新兴市场国家对投入款项、劳动力或物资的

---

① 姚逸信.德国对外援助中的三方合作模式［J］.国际经济合作，2012（10）：59-62.

责任分担份额，也可以通过建立特别基金而非通过传统协商方式来确定各自的配额，以筹集项目所需的资金。

第三，出台三方合作政策，建立完整的管理体系。目前在大多数发展中国家中，尚未有明确的法律法规用以规范三方合作对外援助，因而可参照发达国家的已有经验，制订有关三方合作的专门指导意见、框架政策和操作指南，建立可操作、成体系的管理方法，提高三方合作的效率与透明度[①]。

3. 巴西对外援助的组织结构

巴西的对外援助中，技术援助占据较大的比重，而资金援助的比重较小。巴西在 1987 年为协调对外技术援助成立了巴西合作署（Agencia Brasileira de Coopera-cao，ABC），其主要职能是对巴西的技术援助进行协调和监督。

ABC 隶属于巴西外交部（Ministry of External Relationship，MER），主要负责协调巴西接受的双边、多边技术合作以及向其他发展中国家提供技术援助，负责巴西政府与其发展伙伴合作项目的谈判和执行。ABC 严格依据巴西外交部制定的政策开展活动，优先发展符合政府部门计划和设定的领域。受能力所限，ABC 对巴西技术援助进行协调的能力较弱，只能进行有限参与。尽管 ABC 参与了越来越多的发展合作项目，然而一直存在人员不足的问题。ABC 共有 160 名员工，其中约 100 名员工直接参与

[①] 郭语. 巴西对外援助中的三方合作管理与实践 [J]. 拉丁美洲研究，2016（6）：20-33，155.

技术援助，管理着 58 个国家的 400 多个南南合作项目[①]。图 5-20 展示了
ABC 的组织架构，可见其中专门进行对外援助项目实施的机构和人力安排
都非常有限。

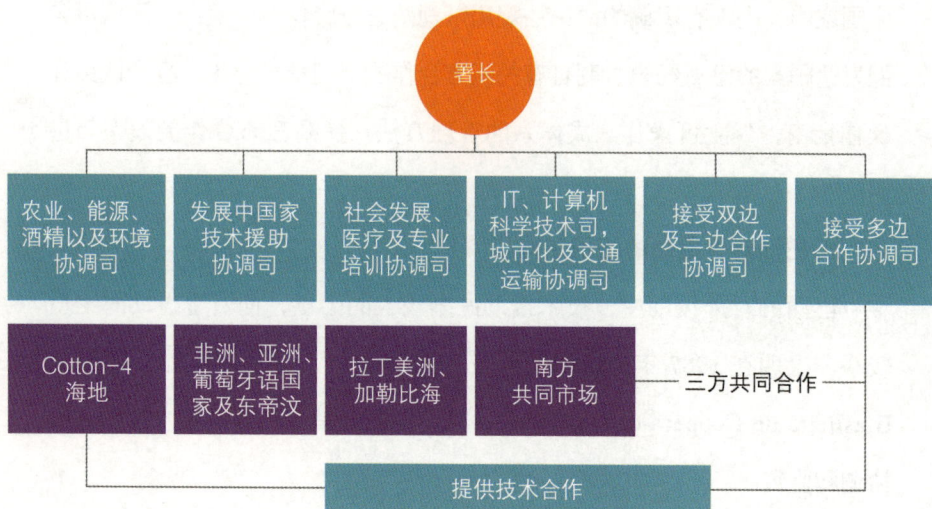

图 5-20　巴西合作署组织结构

数据来源：http：//www.abc.gov.br/。

4. 小结

作为发展中大国中较早开展对外援助的国家，巴西的情况值得中国
关注。首先，巴西以技术援助为出发点，在不提供资金援助的前提下融入
国际发展援助项目，为提升国家影响力、提高在国际事务中的话语权贡献

[①]　黄梅波，谢琪．巴西的对外援助及其管理体系［J］．国际经济合作，2011（12）：21-26.

了力量。第二，巴西采取三方合作的模式，借力打力，发挥双边外交的优势为三方援助服务，统筹利用外交资源。第三，巴西的对外援助以周边援助为主，更多地关注拉丁美洲的发展和建设，为地缘政治的巩固做出了贡献。第四，在国际发展援助中，重点标识源自巴西的概念，联合国可持续发展目标是在巴西"里约 +20"峰会上达成的全球性环境目标，巴西在对外援助中重点推行本国出品的环境概念，有助于提升国家的整体形象。

5.3.2　印度对外援助

印度的对外援助也可以追溯到"科伦坡计划"。当时，印度独立时间不长，经济能力有限，援助对象主要是周边国家，如不丹、缅甸和尼泊尔，援助方式主要为技术援助，援助规模也比较有限。2008 年 2 月 28 日，印度政府宣布，停止与之前一直对它进行双边援助的各援助国之间的双边援助合作，并宣布只有美国、英国、日本、德国、俄罗斯和欧盟有资格继续向其提供官方发展援助，而对于其他国家，印度则限制了其与本国非政府组织间的发展援助活动[①]。随后，印度逐渐扩大了开展对外援助活动的范围。近年来，由于经济改革进展顺利，印度的经济实力越来越强，也越来越重视对外援助，并且极力希望从受援国转变为援助国，其对外援助对象的范围也在不断扩大。目前，接受印度援助的国

---

① 余南平，王心志.国际发展援助的新兴力量——以印度对外援助模式为分析视角［J］.南亚研究，2013（4）：63-81.

家遍及全球，亚太地区、非洲、拉丁美洲、加勒比地区以及东欧和中欧地区的 158 个国家都接受过印度的对外援助[1]。

1. 印度对外援助的现状

印度对外援助资金的提供主体主要为印度财政部和进出口银行，而财政部的资金主要通过印度外交部来统一协调使用，进出口银行的资金则由自己执行，外交部和财政部会对进出口银行提供贷款补贴。

从战略角度而言，印度发展援助的目标就是提高国家的地缘政治和全球事务影响力，并力图在受援国的主要决策者中树立一个"亲印度"的影响力。而为了实现这个战略目标，印度采用了"印度模式"，其最大特点就是通过援外顾问和专家渠道来进行扶贫与经济发展的经验分享。从操作角度来看，印度大部分的发展援助是通过大量的资本"软"投资以及在金融、技术援助项目上进行的对受援国的人员培训和能力建设而实现的[2]。

从地区分布来看，印度的对外援助最早开始于对周边国家的支持，在众多周边国家中，获得印度援助最多的是不丹、孟加拉国、尼泊尔、缅甸、马尔代夫和阿富汗。印度是向南亚地区提供援助最多的国家之一，通过对外援助巩固了其在南亚地区的地位。

印度的对外援助主要通过双边援助渠道提供，而国际多边机构所占的比重不高，维持在 10% 左右。

---

① 唐丽霞，李小云. 印度的对外援助评述 [J]. 南亚研究季刊，2013（3）：7-12, 32, 1.
② 余南平，王心志. 国际发展援助的新兴力量——以印度对外援助模式为分析视角 [J]. 南亚研究，2013（4）：63-81.

考虑到自身的能源局限性，印度尤为重视在环境和可再生能源领域提供技术援助，图 5-21 展示了印度在这一领域援助课程的数目，其中 2018 年是预算和运行中课程的估计数。自 2012 年以来，印度在这一领域中投入的资源不断增加。

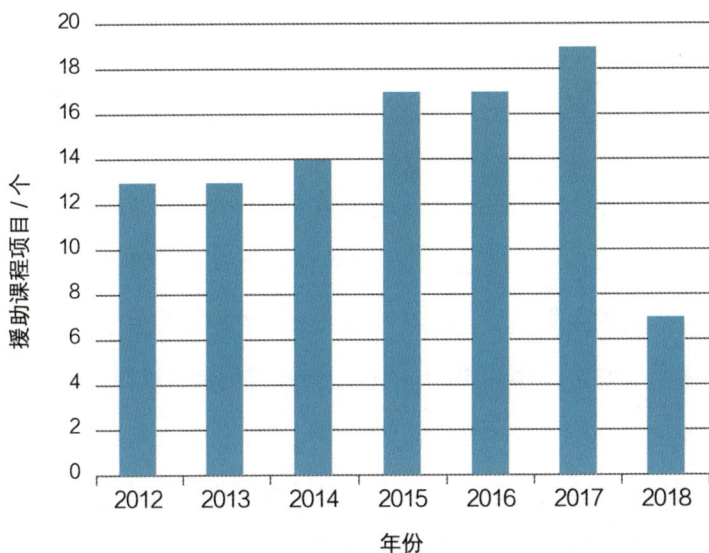

图 5-21　印度经济与技术合作部 2012—2018 年
在环境与可再生能源领域援助课程情况

数据来源：ITEC 网站 https：//www.itecgoi.in/index.php.

2. 印度对外援助的组织结构

印度主要由其外交部负责对外援助，财政部负责对外优惠贷款（图 5-22）。从横向比较上来看，印度并没有像德国那样设立政府内阁序列的

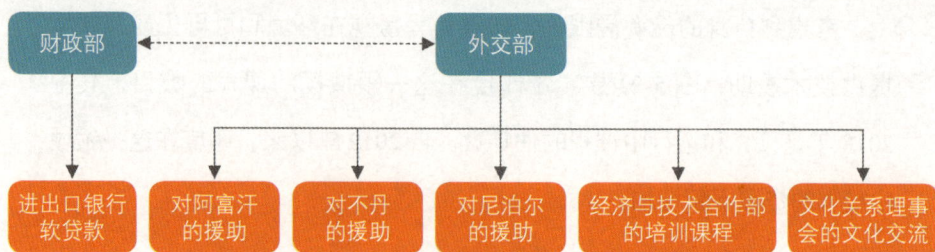

图 5-22　印度对外援助的组织结构

资料来源：唐露萍，2013。

专门部级机构来负责对外援助工作，也没有像美国那样设立隶属于国务院的半独立的国际开发署，而是采用了"外交部模式"，即由其外交部作为国家对外援助的主管部门，而对具体国家的实际援助金额则由其外交部与财政部共同商定，财政部管辖的进出口银行则负责软性贷款的项目。与其他国家的外交部不同的是，印度的外交部不仅负责制定对外援助政策和宏观指导，还直接对阿富汗、不丹和尼泊尔这三个国家的对外援助活动负责，由此可以看出这三个南亚紧邻国家在印度国家战略中的特殊重要性。

印度在对外援助中采取了适合本国国情的援助方式和组织模式，大量的技术援助和能力建设培训为印度建立更好的国家形象贡献了力量；关注对周边国家的援助则进一步巩固了印度在地缘政治中的重要性；在印度援助项目的覆盖范围上也没有看到气候援助的分类，这一点与巴西一致。

5.4　小结

首先，从各主要经济体对外援助和气候援助的目的来看，发达国家往往通过对外发展援助来提升国家软实力和影响力，其所宣传的理念从人道主义救援到全球可持续发展，再到全球应对气候变化，都需要从道义制高点上找到一个切入点来完成援助活动本身的影响，推动国家形象的提升。从提供全球公共物品的角度来看，只有占领了道义制高点，才能得到受援国人民的认可和接纳，才能达到提高国家认可度的目的。发达国家的对外环境援助往往渗透了政治和经济目的，在气候援助问题上往往把传统的环境与发展援助包装成气候概念。而发展中国家的对外援助，正是由于坚守了气候正义和气候伦理，坚持了"共同但有区别的责任"原则，往往在对外援助，特别是环境援助中，避免挂上"气候援助"的标签。

其次，从援助的方式来看，资金和技术援助对于不同的项目有着不同的作用和效果。从传统的减贫、人道主义援助来看，资金援助是"授之以鱼"，目的在于解决受援国基本的生存问题。而从环境援助，特别是可持续发展援助来看，技术援助是"授之以渔"，可以解决受援国的生计问题。而对于气候援助，基于发达国家和发展中国家所承担的责任上的差异，发达国家希望通过气候援助来提升国家影响力和话语权，但在发展中国家看来，这是发达国家在气候变化问题上应尽的义务。发达国家将其他援助项目包装成气候援助项目，是对其应对气候变化责任的推诿和卸责。因此，多数发展中国家选择在气候援助问题上不发声。如果发展中国家要在气候援助上有所作为，首先要"授之以义"，辨析好发达国家和发展中国家的责任和义务。如果需要进一步发挥发展中大国的引领力，还可以"授之以道"，通过规则的倡议和制定在国际气候治理领域发挥影响力。

此外，关于援助资金流的问题往往存在一些认识的误区，发达国家对外援助的 ODA 总量与对外援助的资金流并不是对等概念。ODA 总量包括了全部资金援助（赠款、免息和低息贷款，以及减免行政费用、学费、培训费等），这部分来自发达国家的援助资金并不是全部从发达国家流向发展中国家，其中一部分是通过减少发展中国家向发达国家的资金流实现的。此外，ODA 总量中还包含了至少超过 75％的技术援助内容，包括培训、讲座、研讨会、基础设施建设，往往以项目的形式实施，这部分资金流往往不会从发达国家流入发展中国家，而在很大比例上在发达国家内部循环的。如果将实际接收到的资金视为受到援助的"实惠"，那么在发达国家的对外 ODA 中，发展中国家受到的"实惠"实际上并没有发达国家账面上那么多。

再次，从对外援助的模式来看，双边援助能够更为精准地施加援助国在受援国的影响，而多边援助则能够减少资源浪费和冲突。美国、日本和巴西开展了很多三方合作，而印度和德国则以双边援助为主。

最后，从对外援助的机构组成来看，美国、巴西和日本单独成立了对外援助机构，德国采取了联邦部门平行直辖的模式，印度采取了"外交部模式"。

美国、巴西和日本的对外援助机构分别为 USAID、ABC 和 JICA，由这些机构负责对外援助的具体执行和协调。在这种机制下，通常还会有其他机构或部门与其合作，辅助进行对外援助的宏观政策制定、财政管理等。如美国的国务院、财政部，日本的外务省。在这种机制下，统筹管理的双边发展援助平台可以大大提高援助管理的效率，同时可以整合本国在资金、技术和经验等方面的优势，统一行动并形成合力，专业性很强①。

但这种机制也存在一些弊端。从这些机构组织结构的发展角度来看，统一的对外援助机构并不能在短时间内建成，而是要经过一段时间的发展壮大，通过部门职能的转移、组织的合并才逐步成立的。这就造成了在一定发展阶段中对外援助体系的碎片化，这一点在巴西体现得尤为明显。巴西对外援助体系高度碎片化，ABC 尚未完全成为负责发展援助规划和协调事宜的中心机构，相关发展援助项目的确定缺乏层级式管理；同时，部分援助项目由 ABC 以外的机构组织实施，这些机构大多彼此独立，缺乏一个制度化的机制来进行经验分享和互补性探讨②。另外，此机制下存在政策制定与业务执行之间的偏差。因而，采取这种模式时应注重独立对外援助机构的系统性与整合性，同时可通过其他有关部门对其职能进行

---

① 秦海波，王毅，谭显春，等. 美国、德国、日本气候援助比较研究及其对中国南南气候合作的借鉴 [J]. 中国软科学，2015（2）：22-34.
② 吕少飒. 巴西对外援助管理体系及其面临的挑战 [J]. 国际经济合作，2013（10）：65-70.

补充。

德国采取了联邦部门平行直辖的模式，由 BMZ 与有关部门合作进行相关领域的对外援助，而 GIZ、KfW 等机构则负责实施。在这种机制下，并没有统一的对外援助机构，而是各部门各司其职，直接管理相应领域的援助行动。这种专门化的援助体系使执行组织富有经验、执行过程灵活、技术专业可靠。但其碎片化特征也更为明显，具体到某一援助领域，常常会出现 BMZ 与相应部门各自为政的情况，缺乏一致的援助战略，需要通过其他方式进行协调。德国 BMZ 与 BMU 于 2013 年联合发布了合作战略报告，提出加强合作，发展更成熟的援助办法，但这也使有效监管体系的建立难度增加了，BMZ 需要花费大量的时间与德国众多机构协调，同时也给国际合作伙伴造成了混乱①。因此，采用这种模式时需要明确各部门的职能，注意合作过程中的协同增效，并建立统一、透明的监管体系以对援助项目进行评估。

印度采取了"外交部模式"，其外交部是国家对外援助的主管部门，负责制定对外援助政策并进行宏观指导，对具体国家的实际援助金额则由外交部与财政部共同确定。这一体制可以将外交与发展统筹，能够很好地将外交目的体现在发展援助上，避免了项目执行与宏观政策的偏差。但从另一方面来看，外交部统筹管理会造成具体援助类型的专业性较差，这在印度现阶段的对外援助中可能并非重点，但其势必会影响援助体系的进一

---

① 余南平. 发展援助的中间道路：德国对外援助研究［J］. 德国研究，2012（4）：30-52，125.

步发展。鉴于此,印度政府计划所有的援助活动都应在同一个机构下进行,建议成立"印度国际发展援助署",外交部、财政部以及商务部等相关部委都是其代表①。采用这种模式时应注意具体执行过程中的灵活操作,增加专业机构对援助管理的贡献。

---

① 黄梅波,任培强.中国对外援助:政策演变及未来趋势 [J].国际经济合作,2012(3):81.

第

6

章

中国气候变化南南合作的进展及趋势

《公约》谈判进展有限，发达国家在有限的出资义务中加入了很多条件，并且操纵了资金流向和资金使用方式，使发展中国家在南北合作中被分化。中国目前正在用气候变化南南合作来团结发展中国家的力量，改善发展中大国形象。气候变化南南合作被提升到前所未有的重要高度。这种做法在一定程度上树立了中国"负责任"的形象，释放了积极应对气候变化的信号，有必要系统地回顾气候变化南南合作的历史和现状，使其更好地服务于中国的气候外交和整体环境外交。

6.1 气候变化南南合作的历史和现状

6.1.1 南南合作的方式

在合作形式上，中国开展的传统的南南合作包括清洁能源等设备援助、灾害监测等基础设施援建、科研机构援建、仪器设备捐助、联合研究、资源调查、技术合作、技术示范、技术培训、专家培训、教育培训等，从2011 年开始，在南南合作的形式上有所创新，出现了资金援助。目前，中国的对外气候援助已经具备相当的规模和基础，然而作为发展中国家，中国"尚在建设自己的统计系统，改革自己的外援体制，因此难以就中国对外援助的定义、方式和数据与西方援助国的方式和数量进行简单和标准化的类比"①。因而，中国对外气候援助的概念与内涵必然与发达国家有所不同。

在合作领域上，中国的南南合作主要在适应和新能源领域。国务院新闻办发表的《中国的对外援助（2014）》白皮书中涉及气候变化的对外援助包括沼气技术合作、援建水力发电设施、太阳能和风能发电合作、举办清洁能源和应对气候变化相关的培训等。当前，基础四国已经在气候变化领域开展了许多卓有成效的合作：如在双边政府间科技合作框架下，新能源和清洁能源成为中巴、中南（非）科技合作的优先领域；气候变化成为中印科技合作的优先领域。

在合作渠道上，中国坚持多边、区域和双边结合方式，根据发展中国家的特点，推动建立多层次、多渠道的互利合作模式。但目前仍以双边合作为主。

6.1.2　南南合作的组织模式

从组织管理机制来看，中国的对外援助以商务部、外交部和财政部3 个部门管理为主，其他 20 多个部委以及地方商务部门共同参与，对外援助主要的归口管理部门是商务部对外援助司②。在气候外交领域，中国形成了以"国家应对气候变化及节能减排工作领导小组"为决策机构，由生态环境部牵头应对气候变化工作，包括国家发展和改革委、外交部、科

---

① 周弘.中国对外援助与改革开放 30 年［J］.世界经济与政治，2008（11）：33.
② 杨鸿玺，陈开明.中国对外援助：成就、教训和良性发展［J］.国际展望，2010（1）：46-56，99-100.

学技术部、气象局等 29 个部门参与的气候外交决策体系[①]。应对气候变化牵头部门在中国气候外交领域有着巨大的影响力与发言权[②]。

2018 年以前，应对气候变化工作主要由国家发展和改革委负责，具体职责包括"拟订应对气候变化对外合作管理办法，组织协调应对气候变化重大对外合作活动，负责开展应对气候变化的相关多、双边合作活动"。2018 年中央和国家机关机构改革以后，应对气候变化工作的职责从国家发展和改革委划转到新组建的生态环境部。生态环境部应对气候变化司承担起"组织推进应对气候变化双、多边及南南合作与交流，组织开展应对气候变化能力建设、科研和宣传工作"等职能 。国家应对气候变化工作的牵头部门对国际气候谈判的最新进展有着深刻的了解，在气候外交的工作中掌握了大量其他发展中国家气候变化援助需求的信息。在项目管理上，除由牵头部门承担的气候变化对外援助外，其他气候变化对外援助项目仍主要由商务部牵头，其他部委参与。在 2018 年中央和国家机构改革中新组建的国家国际发展合作署在气候领域的职责和职能尚不明确。财政部在对外援助的资金审批上具有绝对的话语权，在资金规模、项目管理方式等方面具有审核权。

6.1.3　南南合作的资金规模、流向和使用方式

南南合作多以项目援助和合作为主、资金援助为辅，由于出现得较晚，

---

① 孔凡伟．浅析中国气候外交的政策与行动 [J]．新视野，2008（4）.

② 王存刚．当今中国的外交政策: 谁在制定? 谁在影响? ——基于国内行为体的视角[J]．外交评论（外交学院学报），2012（2）.

没有很好的统计数据，气候变化对外援助的数据仅散见于领导人在重要场合的讲话、新闻报道、中国驻外使馆经商处网站报道以及我国政府公开发表的《中国的对外援助（2014）》《中国与非洲的经贸合作》《中国对外开放 30 周年回顾展——双边经贸合作大事记》《中国应对气候变化的政策与行动》等年度报告与白皮书之中，资金的规模、流向、运作方式和效果很难进行量化分析和评估。

2010 年，中央财政援外预算达 144.11 亿元人民币，其中有许多与应对气候变化有直接和间接的联系[1]。

中国政府时任总理温家宝在联合国曾表示，中国将帮助其他发展中国家加强气候变化人力资源建设，捐赠相关设备，并安排 2 亿元人民币开展为期 3 年的国际合作，帮助小岛国联盟、最不发达国家、非洲国家等应对气候变化[2]。这项为期 3 年的国际合作项目就是国家发展和改革委于 2011 年在财政部的支持下启动的中国应对气候变化国际合作专项工作，用于项目的 2 亿元人民币是我国第一次针对应对气候变化领域国际合作设立的专项工作经费[3]。

2011—2013 年中国政府大力开展应对气候变化南南合作，每年安排 7 000 万元人民币（约 1 100 万美元）在节能低碳产品赠送、适应气候变化、

[1]　程晖.应对气候变化南南合作是一项系统工程［N］.中国经济导报，2011-12-06（2）.

[2]　温家宝.在联合国可持续发展大会上的演讲［EB/OL］.［2013-03-22］.http：//news.xinhuanet.com/world/2012-06/21/c_112262485.htm.

[3]　俞岚.中国政府追加预算　加强气候变化南南合作［EB/OL］.［2013-03-22］.http：//www.chinanews.com/gn/2011/11-21/3475961.shtml.

能力建设等方面为其他发展中国家提供力所能及的帮助和支持①。然而这一数据难以全面地反映中国气候变化对外援助项目的数量、投资总额等，仅仅涵盖了国家发展和改革委实施的气候变化专项对外援助，而实际情况是，商务部等其他部门也承担了大量的气候变化对外援助。此外，国家发展和改革委气候变化专项对外援助的内容只包括物资赠送、人力资源培训等，难以展示中国气候变化对外援助的全部内容。

6.1.4　南南合作与南北合作的区别

美国奥巴马政府提出的"全球气候变化倡议"指出，美国政府将应对气候变化置于外交与发展援助工作的优先领域，将从资金上帮助最脆弱国家应对气候变化带来的影响，加速全球低碳转型，从而有助于全球应对气候灾难②。美国的对外援助项目涉及提高有关国家应对气候灾害与损失的能力、低碳与可持续经济、保护绿色植被等。

欧盟早在 2004 年就出台了《欧盟气候变化与发展行动计划》，其对外气候援助重点关注 4 个领域：提升气候变化的政治影响，支持发展中国家的气候适应，支持减缓与可持续发展，帮助脆弱国家提升管理能力③。欧盟与最不发达国家展开对话，建立了"非洲–欧盟气候变化与环境战略

---

① 解振华在利马南南合作高级别论坛上的讲话。
② USAID. President Obama's Development Policy and the Global Climate Change Initiative ［EB/OL］. ［2013-03-31］. http：//www.whitehouse.gov/sites/default/files/Climate_Fact_Sheet.
③ EU. Climate Change in the Context of Development Cooperation［EB/OL］. ［2013-03-31］. http：//ec.europa.eu/development/icenter/repository/env_cc_com_2003_85_en.

伙伴关系"；在加勒比地区，欧盟与加勒比共同体建立了"加勒比共同体气候变化中心"；还建立了覆盖亚太地区和拉丁美洲的"欧盟－亚太圆桌会议"。通过这些对话机制的建立，欧盟构建了覆盖绝大多数发展中国家的气候外交网络，为其实现气候外交战略目标提供了大量的外交资源。

对比美国、欧盟和中国的做法，在以下几个方面存在明显的区别：

首先，在援助初衷上，发达国家实施对外气候援助是在履行《公约》与《京都议定书》的法律义务，履行气候变化资金、技术转移的承诺，体现了"共同但有区别的责任"原则；中国作为发展中国家并不承担《公约》规定的援助义务，但秉承着共同发展的信念，仍主动向其他发展中国家提供力所能及的对外气候援助。中国国家发展和改革委原副主任解振华表示："发展中国家的长远根本利益是一致的，一荣俱荣，一损俱损"，中国对其他发展中国家实施的对外气候援助"属于穷朋友之间的相互帮助，是一种心意的表达"[①]。

其次，在分类上，发达国家提供的对外气候援助可以分为减缓援助与适应援助，减缓援助通过减少温室气体排放或加强温室气体捕捉，达到稳定大气中温室气体浓度的目的，以减少危险的人为干扰对气候系统的影响；适应援助则通过保持或提高气候变化的适应能力和韧性，降低人类或自然系统对气候变化或其他相关风险的脆弱性[②]。中国对外气候援助并不

[①] 肖莹莹．解振华：气候变化国际谈判应坚持三条原则［EB/OL］．［2013-03-15］．http://www.chinanews.com/gn/2012/06-21/3979407.shtml.

[②] OECD. Handbook on the OECD-DAC Climate Markers［EB/OL］．［2013-03-15］．http: www.oecd.org/dac/stats/48785310.

强调减缓与适应的区别，而侧重提高发展中国家应对气候变化的能力建设。近年来，中国对外援助"重视以援助带动发展中国家的自主发展能力，通过培训各类人才和转移合适技术，促进当地经济的可持续发展"[①]，既照顾了受援国急迫的受援需求，帮助他们抵御气候变化产生的不利影响，也提高了援助的有效性和针对性，使中国有限的对外援助资源产生了最大的援助效益。

再次，发达国家的对外气候援助属于官方发展援助（ODA），OECD对 ODA 有着严格的定义，指发达国家官方机构（包括中央、地方政府及其执行机构）为促进发展中国家的经济发展水平和福利水平的提高向发展中国家或多边机构提供的赠款，或赠与成分不低于 25% 的优惠贷款[②]。国际气候变化对外援助既有双边合作，又有多边合作；既包括发达国家单独展开的对外援助，又包括发达国家在《公约》框架下提供的资金与技术转移支持。而中国对外援助的概念内涵与 ODA 是不同的。中国的对外气候援助是在南南合作的框架下展开的，绝大多数属于双边援助，援助的内容不仅包括成套设备援助、技术合作项目、教育培训等，还包括科技领域的联合研究、资源调查、专家培训、技术示范、援建科研机构、仪器设备捐助等[③]。

[①] 黄梅波，任培强.中国对外援助：政策演变及未来趋势［J］.国际经济合作，2012（3）：81.

[②] OECD. Official Development Assistance–Definition and Coverage［EB/OL］.［2013-03-16］. http://www.oecd.org/dac/stats/officialdevelopmentassistancedefinitionandcoverage.htm#Definition.

[③] 程晖.应对气候变化南南合作是一项系统工程［N］.中国经济导报，2011-12-06（2）.

最后，发达国家往往将对外气候援助与国际气候谈判挂钩，将原本作为提供给发展中国家采取行动应对气候变化前提的资金与技术支持视为谈判的一个筹码，要求发展中国家提高减排透明度，或要求部分发展水平较高的发展中国家支持发展中大国强制减排。不仅如此，发达国家的气候援助往往还"口惠而实不至"，或试图改变气候变化资金的性质，或将其与国际减贫援助等相混淆。中国的对外气候援助则继承了对外援助"不附带任何政治条件"的原则，不在进行对外气候援助时附加任何政治条件，实施的援助以满足受援国经济和社会发展需要为主要目的。此外，我国认真落实承诺，将"为其他发展中国家应对气候变化提供支持和帮助"作为政治承诺写入"十二五"规划，并不断追加气候援助的财政预算，在应对气候变化国际合作领域设立专项工作经费。与发达国家相比，中国不仅承诺提供气候变化对外援助，还落实到位，赢得了发展中国家的一致好评。

6.2 气候变化南南合作的进展

近年来，中国在气候变化南南合作方面出台了很多举措，开展了很多活动，举办了"应对气候变化物资赠送项目""发展中国家应对气候变化研修班"等一系列针对对外气候援助的项目，还颁布了《应对气候变化领域对外合作管理暂行办法》（发改气候〔2010〕328号），以规范气候变化领域的对外合作。2011年12月，国家应对气候变化战略研究和国际合作中心成立，其职责包括"开展应对气候变化的国际交流和项目合作"①。此外，中国政府先后向小岛国、欠发达国家、最不发达国家和地区以及非洲国家提供了用于应对气候变化的资金，还与乌干达、布隆迪等30多个国家签署了应对气候变化物资赠送的谅解备忘录。

在2014年9月的联合国气候峰会上，各国领导人形成共识要促进"减少温室气体排放、增加应对气候变化能力，为2015年在巴黎达成气候变化新协议凝聚政治动力"。在峰会上，各国领导人通过高层对话形成了一系列支持应对气候变化南南合作的新声明，中国国务院副总理张高丽宣布，中国从2015年开始在原有基础上把每年的资金支持翻一番，建立气候变化南南合作基金，还将提供600万美元支持联合国秘书长推动应对气候变化南南合作。

在2014年12月的利马气候大会期间，中国国家发展和改革委、联合国开发计划署和联合国环境规划署联合举办了"气候变化南南合作论坛"，包括论坛开幕式、部长级高级对话、气候变化南南合作高层论坛等活动，进一步提高了社会各界对气候变化南南合作的认识，并分析讨论了南南合作面临的机遇和挑战。论坛包含五大主题，即南南合作的保障条件、气候变化适应韧性和生计、决策者和实施者能力建设、清洁能源技术转让、生态适应和生态减排等。中国宣布将南南合作的出资额在现有基础上翻一番，南南合作已成为应对气候变化南北合作越来越重要的补充。自2011年以来，中国政府累计安排了2.7亿元人民币（约合4 400万美元）用于应对气候变化南南合作。

---

① 苏苏. 国家应对气候变化战略研究中心在德班宣告成立［EB/OL］.［2013-03-29］. http://news.qq.com/a/20111205/001581.htm.

6.3 气候变化南南合作的趋势分析

6.3.1 对气候变化国际谈判阵营的影响

南南合作可增强中国与其他发展中国家在气候变化国际谈判中的相互理解和支持、扩大利益交集、巩固发展中国家阵营战略依托，并在谈判中统一立场，维护发展中国家的整体利益。在与非洲应对气候变化领域开展的合作中，中国对其基础设施、农业水利、防灾减灾等国家和民生基础建设方面的帮助，以及没有附加任何条件的财政和人员援助，对维护、增进中非传统友谊具有重要的政治意义，也使中非之间在国际气候变化谈判中取得了一定程度上的理解、信任和支持。

从各方公开表态来看，中国气候变化南南合作的各项举措得到了发展中国家和国际组织的口头赞扬。但应该看到，这种赞扬的背后还有进一步的期许，"希望中方在气候变化谈判中继续发挥领导力""希望中国在应对气候变化行动中继续发挥重大作用"" 希望中国能够借这个平台实现更多技术转让和资金支持""希望以后这样的范例能更多一些"[1]，等等，诸如此类的表述均透露出发展中国家对中国出资金、给技术的渴望。

---

[1] 联合国秘书长潘基文、联合国开发计划署署长海伦·克拉克、埃及环境部部长卡德勒·法赫米、蒙古国环境和绿色发展部部长乌云珠等各界政要在联合国气候变化利马会议和"气候变化南南合作论坛"上的表述。

在国际气候变化谈判中，发展中国家内部分化已经日趋明显。特别是在发达国家口头承诺到 2012 年（2009—2012 年）出资 300 亿美元作为快速启动资金，2020 年之前每年筹措 1 000 亿美元用于发展中国家的减排行动之后，发展中国家的一致性更难协调[①]，特别是小岛国联盟和最不发达国家对气候资金的需求愈加强烈。中国气候变化南南合作的努力最终会使发展中国家更支持中国，还是会更有期待，或进一步使其走向中国的对立面，是值得深思的。

有观点认为，针对最不发达国家或者小岛国联盟进行气候援助有助于中国在国际气候治理领域建立良好的国际形象[②]。然而就目前来看，最不发达国家、小岛国联盟和部分非洲国家并没有采取在谈判场中与中国统一立场的策略，部分活跃的最不发达国家和小岛国联盟不仅不参加 77 国集团的协调会，还在大会上公开和发展中国家唱反调，这些表象都是其谈判立场的鲜明展现。特别是"有些受援国比中国还富有"[③]，诸如此类的质疑不仅国内有，国外的个别研究机构和媒体也在以此评价中国的南南合作，并会对中国气候变化南南合作的影响日益复杂化。

[①] 刘燕华，冯之浚 . 南南合作：气候援外的新策略［J］. 中国经济周刊，2011（9）：18-19.

[②] 毛艳，甘钧先 . 中国在气候领域的公共外交及手段创新［J］. 国际论坛，2012，14（1）：43-48，80.

[③] Carol Lancaster, "The Chinese Aid System", The Center for Global Development, Jun, 2007.

6.3.2　气候友好型技术"走出去"的影响

中国通过南南合作可促进、帮助发展中国家提高应对气候变化的能力，促进技术转移，引导中国气候友好型企业"走出去"，输出中国气候友好型标准和理念，增加话语权，实现中国与其他发展中国家在应对气候变化进程中的互利共赢。但是在国际技术转让活动中，发达国家之间的技术合作与转移占到80％以上，发达国家与发展中国家以及发展中国家之间的技术合作与转移不足20％，尤其是发展中国家之间的合作比重更低，其中与应对气候变化有关的合作和技术转移更少。

从现已开展的南南合作情况来看，研发并转移环境友好、符合当地需求、买得起、用得上、易维护的应对气候变化适用技术并不容易[①]。中国企业要想在国际化过程中获得更多的话语权还有很长的路要走。在气候变化领域，中国的适用性气候友好型技术具有一定的优势，如新能源小型设备、小水电等成本相对较低的技术，在很多相对落后的发展中国家更具有适用性，欧美等国相对昂贵和先进的技术反而没有竞争力，因此应更好地通过气候变化南南合作的平台，识别中国技术输出的优势领域，增强话语权和影响力。

此外，南南合作培养了一批了解中国国情的非洲国家官员，以及一批从事基础科技业务工作的高级专业人才，有利于中国与非洲国家开展进一步的商业、贸易活动及文化科技交流。中国与新兴发展中国家间的合作

---

① 程晖.应对气候变化南南合作是一项系统工程［N］.中国经济导报，2011-12-06（2）.

进一步促进了彼此在应对气候变化科学技术上的研发和推广应用，推动了应对气候变化科技成果的产业化。目前来看，中国技术输出尚不成规模，对国家"走出去"战略目标的实现影响较弱，但是前景看好。

6.4 加快完善南南合作机制

气候变化南南合作发展迅速，中国团结了一部分发展中国家的力量。气候变化南南合作是中国企业"走出去"和适用性技术"走出去"的良好契机。

首先，中国要深入探讨对外援助理念和目标，辨析气候援助在环境发展援助中的作用和地位，确立自己的气候援助战略。中国在全球气候治理中的定位问题需要审慎谋划，秉承"共同但有区别的责任"原则，既要从道义的制高点上讲清楚责任和原则的问题，也要在实际行动中展现大国的领导力和魄力。为此，中国既需要在全球气候治理领域发挥大国作用，又不能不顾"气候正义"，在发展中国家和发达国家两大阵营间摇摆。应对气候变化是 21 世纪最大的全球挑战，在全球应对气候变化中发挥大国作用是未来全球地缘政治、经济、环境博弈中不可忽视的要素。值得深入考虑的要点有以下两点：①发展中国家没有在《公约》框架下给予他国资金、技术、能力建设等支持的义务；②中国可以在《公约》外渠道实施气候援助，同时在《公约》框架下谈判，建立灵活的气候外交和气候援助方针。

其次，筛选和确立中国对外气候援助的手段和模式。中国对外气候援助的手段可以兼顾资金、技术援助，并着重进行技术援助，适当给予资金援助，但是援助渠道应在我国主导的平台开展，避免在《公约》主渠道下进行。气候援助宜整合到我国对外环境发展援助大框架下实施，在一些项目中可以采取贴"气候标签"的方式来加以宣传。这方面，中国的"一带一路"倡议、亚洲基础设施投资银行、气候变化南南合作基金都可以发挥作用。合作模式方面，周边地区宜以双边援助为主实施远距离援助，如对非洲、拉丁美洲的援助，宜以多边援助为主。

再次，合理部署中国对外气候援助和环境发展援助工作。中国目前的对外援助多头并举，生态环境部、商务部、外交部、中国进出口银行、国家开发银行等部门和机构都有对外援助的渠道和财政预算。在现有基础上，宜建立多部委分管对外援助、核心部门共同统筹和协调对外环境发展援助、关键部门统领对外气候援助的模式。在对外援助的宣传和包装上，可以建立"中非可持续发展伙伴关系""'一带一路'伙伴关系"等统筹环境发展援助工作，将气候变化南南合作基金、亚洲基础设施投资银行项目的绿色标准体系建设等作为这些伙伴关系的亮点内容。在现有机构设置的基础上，宜建立灵活的气候援助项目管理和运行机制，借助多方力量实施中国的对外气候援助工作，如采取公私伙伴关系来建立针对某个气候援助项目的工作组，根据实际需求签订 2 ～ 3 年或者更长时间的合作备忘录，将项目运行成本列入统筹部门的财政预算，并在援助项目结束后适时解散工作组。

最后，加强对外援助的科学管理水平。科学的援助项目管理能够极大地提高对外援助效率，促进对外援助目标的实现，特别是在气候援助领域，在《巴黎协定》所确立的"自下而上"治理模式的精神感召下，加强项目运行的各项标准、提高透明度，能够极大地提升中国的负责任大国形象。

本章参考文献

[1] 白云真. 中国对外援助的战略分析 [J]. 世界经济与政治，2013（5）：70-87，157-158.

[2] 崔鹏. 中国对外援助体现发展中国家负责任立场 [N]. 人民日报，2010-08-26（3）.

[3] 崔岩. 亚洲开发合作转型中的中国与日本——基于日本 ODA、中国"一带一路"构想的视角 [J]. 日本学刊，2016（2）：91-106.

[4] 冯存万. 南南合作框架下的中国气候援助 [J]. 国际展望，2015（1）：34-51，153-154.

[5] 冯莉. 对外援助与贸易、投资的关系研究 [D]. 天津：河北工业大学，2014.

[6] 高翔. 中国应对气候变化南南合作进展与展望 [J]. 上海交通大学学报（哲学社会科学版），2016（1）：38-49.

[7] 公维彬. 欧盟对外发展援助探析 [D]. 济南：山东师范大学，2009.

[8] 胡勇. 国际发展援助转型与印度对非发展合作 [J]. 外交评论（外交学院学报），2016（6）：131-156.

[9] 黄梅波，李子璇. 南非对外援助管理体系研究 [J]. 国际经济合作，2013（11）：78-83.

[10] 黄梅波，蒙婷凤. 新世纪日本的对外援助及其管理 [J]. 国际经济合作，2011（2）：39-46.

[11] 黄梅波，唐露萍. 南南合作与南北援助——动机、模式与效果比较 [J]. 国际

展望，2013（3）：8-26，135.

[12] 姜默竹，李俊久 . 朋友与利益：国际公共产品视角下的中国对外援助 [J]. 社会科学文摘，2016（12）：17-19.

[13] 金永久 . 韩国 ODA 政策研究 [D]. 长春：吉林大学，2014.

[14] 克里斯 . 牙买加对中美两国发展援助与投资管理差异分析 [D]. 长春：吉林大学，2011.

[15] 李超 . 欧盟对外医疗援助 [J]. 国际研究参考，2016（4）：8-12，41.

[16] 李瑞 . 9·11 后美国对外援助评析 [D]. 北京：中共中央党校，2013.

[17] 卢荻梵 . 国际气候援助状况及中国气候变化对外援助研究 [D]. 北京：中国外交学院，2013.

[18] 罗春花 . 奥巴马政府对非经济援助外交研究 [D]. 南京：南京大学，2016.

[19] 那拉 . 国际援助的作用 [D]. 长春：吉林大学，2011.

[20] 彭文平 . 日本的高等教育对外援助 [J]. 日本问题研究，2016（4）：49-57.

[21] 孙笑华 . 国际发展援助近况 [J]. 国际经济合作，1987（5）：18-21.

[22] 唐露萍 . 发展中国家对外援助及其发展方向 [D]. 厦门：厦门大学，2014.

[23] 田文 . 浅析金砖国家对外援助方式的选择 [J]. 国际工程与劳务，2015（11）：58-61.

[24] 田新立，司莉莉 . 中国对卢旺达竹子项目援助及发展的探讨 [J]. 浙江农业科学，2016（5）：751-753.

[25] 王心志 . 金砖四国对外援助比较研究 [D]. 上海：华东师范大学，2014.

[26] 王玉萍 . DAC 对外援助评估体系及对我国的启示 [J]. 山西大学学报（哲学社会科学版），2016（6）：118-125.

[27] 吴玉梅 . 对外援助与外交战略 [D]. 石家庄：河北师范大学，2005.

[28] 武亚宁 . 奥巴马政府对外战略重点下的美国对外援助 [D]. 上海：华东师范大学，2014.

［29］严双伍，唐鹏镐．促贸援助：国际比较与政策建议［J］．长江论坛，
2016（3）：49-55.

［30］张彩霞．试论 20 世纪 90 年代以来中国对外援助［D］．北京：北京语言大学，
2007.

［31］张琳．南非应对气候变化问题的政策研究［D］．武汉：华中师范大学，
2013.

［32］张勇．从马歇尔计划和第四点计划看杜鲁门时期的对外援助政策［D］．济南：
山东师范大学，2004.

［33］张郁慧．中国对外援助研究［D］．北京：中共中央党校，2006.

第 7 章

中国的角色演变与评价

中国政府高度重视应对气候变化，习近平主席多次强调，应对气候变化不是别人要我们做，而是我们自己要做，要实施积极应对气候变化的国家战略。在参与全球气候治理的过程中，中国的角色经历了从被动到主动的转变。党的十九大报告指出，中国要"引导应对气候变化国际合作，成为全球生态文明建设的重要参与者、贡献者、引领者"。中国应对气候变化、参与全球气候治理角色的转变反映了在经济发展与环境保护正面交锋的过程中作为决策者的选择。当人们的物质文化需求逐渐增长，发展的不平衡、不协调问题日益凸显的时候，应对气候变化工作愈发需要保持战略定力。

2009 年，中国政府在哥本哈根气候大会上承诺到 2020 年我国单位 GDP 二氧化碳排放量比 2005 年下降 40％～45％，其后便将这一承诺作为约束性指标纳入国民经济和社会发展中长期规划，并制定了相应的国内统计、监测、考核办法。中国政府还承诺到 2020 年我国非化石能源占一次能源消费的比重达到 15％左右，并提出通过植树造林和加强森林管理，使森林面积比 2005 年增加 4 000 万 km^2、森林蓄积量比 2005 年增加 13 亿 m^3 等一系列应对气候变化的目标任务。为完成上述目标任务，中国在"十一五""十二五"期间采取了一系列减缓和适应气候变化的重大政策措施，并取得了显著成效。2011 年制定实施的《"十二五"规划纲要》确立了绿色、低碳发展的政策导向，明确了应对气候变化的目标任务。这一期间，改革开放以来高速、粗放式的经济发展模式带来的弊端日渐显现，人们逐渐认识到能源、资源"瓶颈"带来的发展障碍。调整能源结构、提高能源利用效率、发展可再生能源和清洁能源势在必行。能源结构的调整和经济发展模式息息相关，是未来实现经济高质量发展的根本动力和保障。此外，人们还认识到以往发展模式和理念带来的锁定效应和可能存在的"中等收入陷阱"。党的十八大提出了"生态文明"的理念，摒

> **中等收入陷阱**
>
> "中等收入陷阱"是指一个国家发展到中等收入阶段（人均GDP 4 000～12 700美元）后，可能出现两种结果：一是持续发展，逐渐成为发达国家；二是出现贫富悬殊、环境恶化甚至社会动荡等问题，导致经济发展徘徊不前。后一种结果被称作走入了"中等收入陷阱"。

弃了"工业文明"的发展道路，也将应对气候变化工作引入了全面推进的新时代。

　　面对发达国家群强环伺，中国的应对气候变化工作在减缓、适应等多个方面都提高了政策和行动力度。由于哥本哈根气候大会没有形成具有法律效力的多边协议，国际气候治理在较长一段时间陷入某种僵局：伞形国家行动意愿消极；欧盟领导力逐渐式微；发展中国家逐步分化，形成多个小集团。在这种情况下，中国政府作为最大的发展中国家，通过多方协调和努力，充分担当了一个负责任大国的道义。一方面积极推动国内低碳政策和行动、积极应对气候变化、百分之百兑现承诺，为全世界温室气体减排做出了重要贡献，起到了表率作用；另一方面，通过中欧、中美、中法、中印、基础四国、立场相近国家等多个双边和小多边的协调合作，中国在《巴黎协定》的谈判和签署、生效过程中发挥了举足轻重的作用，站到了国际气候治理舞台的中心。

　　2015年，中国政府向全世界承诺了中国的国家自主贡献目标，提出二氧化碳排放2030年前后达到峰值并争取尽早达峰，承诺到2030年单

位 GDP 二氧化碳排放比 2005 年下降 60％～65％，非化石能源占一次能源消费的比重达到 20％左右，森林蓄积量比 2005 年增加 45 亿 m³ 左右。中国还承诺将继续主动适应气候变化，在农业、林业、水资源等重点领域和城市、沿海、生态脆弱地区形成有效抵御气候变化风险的机制和能力，逐步完善预测预警和气候防灾减灾体系。为落实国家自主贡献承诺，中国政府继续加大力度开展应对气候变化的政策和行动，通过调整产业结构、优化能源结构、节能并提高能效、增加森林碳汇、建立全国碳市场、深入开展低碳试点、鼓励气候投融资、开展气候变化能力建设、努力适应气候变化等多项政策措施，力争在"十三五""十四五"时期继续加大温室气体减排力度，并鼓励行业和地方提前达峰。根据《中国应对气候变化的政策与行动》年度报告，截至 2018 年，全国碳强度下降 45.8％，提前完成了到 2020 年比 2005 年下降 40％～45％的目标，森林碳汇、可再生能源发展也取得了骄人成绩，为国家自主贡献目标的稳步落实打下了良好基础。

中国应对气候变化工作对发展中国家和第三世界的意义重大，在经济社会发展、文明取向、道德取向等方面都有示范意义。特朗普当选美国总统后，美国国内保守派势力抬头，这直接导致其在世界环境发展进程中的领导力和影响力都发生了变化，同时这也连带导致世界各国对全球第二大经济体——中国在全球合作应对气候变化领域发挥大国领导力寄予了更高预期。中国始终用科学的态度认识气候变化问题的重要性和紧迫性，在自己力所能及的范围内努力避免全球气候风险，不投机、不取巧、不逃避，在努力减排的同时团结广大发展中国家共同维护第三世界利益。作为一个负责任的发展中大国，中国打破了大国"零和博弈"，从建设人类命运共同体和构建全球生态文明的高度来进行国际事务的应对和处理，中国正在通过应对气候变化国际合作和国内行动为全世界贡献中国智慧。在纷繁的国际地缘政治经济角逐中，中国的发展模式有其特殊的历史背景和现实原因，中国经验所取得的成就举世瞩目，中国模式在其自洽的发展轨迹中实现了权威、民主、法制的动态平衡，中国经验在应用和发展的过程中为未来全球气候治理提供重要的样板。

附录：本书英文缩写速查表

A

AC	适应委员会
ADP	"德班平台"
AF	适应基金
AG	非洲国家联盟
ALBA	玻利瓦尔联盟
AOSIS	小岛屿国家联盟
APEC	亚洲太平洋经济合作组织（亚太经合组织）
AWG-KP	《京都议定书》特设工作组
AWG-LCA	长期愿景特设工作组

B

BASIC	基础四国（中国、印度、巴西、南非）
BECCS	生物质能和碳捕集与封存
BMU	德国环境部
BMZ	德国联邦经济合作与发展部

C

CBDR	"共同但有区别的责任"原则
CBIT	透明度能力建设倡议
CCAC	气候与清洁空气联盟
CCS	碳捕集与封存
CCUS	碳捕集、利用与封存

CDM	清洁发展机制
CDR	碳移除
CMA	《巴黎协定》缔约方会议
CMP	《京都议定书》缔约方会议
COP	《联合国气候变化框架公约》缔约方会议
CNCT	气候技术中心与网络

D
| DAC | 发展援助委员会 |
| DED | 德国发展服务公司 |

E
EEIG	欧洲经济利益集团
EIT	经济转型国家
ET	排放贸易
EUETS	欧盟碳交易机制
EUNIDA	欧洲执行发展机构网络
EVI	经济脆弱性指标

F
| FAD | 对外援助数据面板 |
| FSF | 快速启动资金 |

G
GCA	全球适应委员会
GCCI	全球气候变化倡议
GCF	绿色气候基金
GDP	国内生产总值
GDR	温室气体移除

GEF	全球环境基金
GIZ	德国国际合作机构
GNP	国民生产总值
GTZ	德国技术合作公司

I
IAR	国际评估与审评
ICA	国际磋商与分析
ICI	国际气候倡议
IEA	国际能源署
IMF	国际货币基金组织
INC	政府间谈判委员会
INDC	基于国家自主意愿的贡献
InWent	德国国际培训与发展公司
IPCC	政府间气候变化专门委员会
IPO	土著人组织

J
| JI | 联合履行 |
| JICA | 日本国际协力机构 |

K
| KfW | 德国开发银行 |

L
LDC	最不发达国家
LDCF	最不发达国家基金
LMDC	立场相近发展中国家

(M) MEF　　　　主要经济体气候与能源论坛

　　　　MRV　　　　可测量、可报告、可核查

(N) NDC　　　　国家自主贡献

(O) ODA　　　　官方开发援助

　　　　OECD　　　经济合作与发展组织

　　　　OPEC　　　石油输出国组织

(P) PCCB　　　巴黎能力建设委员会

(S) SBI　　　　《联合国气候变化框架公约》履约附属机构

　　　　SBSTA　　《联合国气候变化框架公约》科技咨询附属机构

　　　　SCCF　　　气候变化特别基金

　　　　SDGs　　　联合国可持续发展目标

　　　　SLCPs　　短寿命气候污染物

　　　　SPICE　　向平流层注射气溶胶的气候地球工程计划

　　　　SRM　　　太阳辐射管理

(T) TEC　　　　技术执行委员会

(U) UNEP　　　联合国环境规划署

　　　　UNFCCC　《联合国气候变化框架公约》

　　　　USAID　　美国国际开发署

(W) WIM　　　　华沙损失与损害国际机制